LES COLLECTIVITÉS LOCALES EN CHIFFRES

2011

DIRECTION GÉNÉRALE DES COLLECTIVITÉS LOCALES

L'édition 2011 de l'ouvrage les *Collectivités locales en chiffres* a été élaborée par le Département des études et des statistiques locales de la Direction générale des collectivités locales.
Ont contribué à cette édition : Brigitte Belloc, David Cochu, Marie-Christine Floury, Malika Krouri, Michèle Lavigne, Guillaume Leforestier, Angéline Mahen, Sabine Meunier, Karine Soguet.

Présentation

Cet ouvrage constitue la vingt-et-unième édition des *Collectivités locales en chiffres*. Son objectif est de fournir annuellement les informations statistiques essentielles sur les collectivités locales.
Les principaux chapitres sur les structures, les finances, les personnels des collectivités locales donnent à côté des chiffres, un commentaire succinct et surtout des définitions et des références. Ils retiennent en général les données disponibles sur les cinq dernières années. Les séries longues sur les divers sujets sont reprises dans un seul chapitre en fin d'ouvrage. Un chapitre introductif présente les chiffres clés des collectivités locales. Des données du contexte dans lequel elles se situent sont aussi livrées.

- Les données sont celles traitées par le Département des études et des statistiques locales de la Direction générale des collectivités locales (DGCL), celles issues d'autres composantes du service statistique public, notamment l'Insee, ou encore fournies par des administrations comme la Direction générale des finances publiques (DGFiP), ou des données d'Eurostat.
- Les chiffres figurant dans cet ouvrage sont ceux qui étaient disponibles mi février 2011. Les données des structures communales et intercommunales et de leur population sont établies au 1er janvier 2011, d'autres peuvent porter sur des années antérieures en fonction de leur cycle de production.
- Le champ couvert dans son acception la plus large est celui des administrations publiques locales qui comprennent les collectivités locales et les organismes divers d'administration locale. On désigne couramment dans cet ouvrage par l'expression « collectivités locales » l'ensemble formé par les collectivités territoriales (terme consacré par la Constitution pour les communes, départements et régions) et les groupements de communes à fiscalité propre (communautés urbaines, communautés d'agglomération et communautés de communes, syndicats d'agglomération nouvelle). Certaines données portent sur un champ élargi aux syndicats et aux établissements publics locaux (comme les centres communaux d'action sociale, les caisses des écoles, les services départementaux d'incendie et de secours).
- Dans la diffusion des statistiques, on distingue plusieurs ensembles géographiques de la France. La France métropolitaine comprend les 96 départements d'Europe. S'y ajoutent les 4 départements d'outre-mer (Dom) : Guadeloupe, Martinique, Guyane, La Réunion. C'est le territoire économique intérieur de référence pour la comptabilité nationale et celui qui fait partie de l'Union européenne. Comme le font couramment les publications statistiques en référence à la définition utilisée par les organismes internationaux, *Collectivités locales en chiffres* emploie l'expression « France » pour cet ensemble comprenant la France métropolitaine et les Dom, auquel s'applique la quasi-totalité des données présentées. Le territoire de la République française comprend également la Nouvelle-Calédonie, la Polynésie française, les îles Wallis et Futuna, les Terres australes et antarctiques françaises, les îles éparses de l'Océan indien ainsi que les collectivités à statut particulier, Saint-Barthélemy, Saint-Martin, Saint-Pierre-et-Miquelon et Mayotte qui deviendra un département le 1er avril 2011. Ces territoires sont mentionnés dans certains tableaux.

Des informations complémentaires sont disponibles sur le site Internet de la DGCL :
www.dgcl.interieur.gouv.fr, rubrique « Statistiques »

Sommaire

7 Les élus locaux

8 La fonction publique territoriale

9 Éléments de contexte

10 Les séries longues

1

LES CHIFFRES CLÉS DES COLLECTIVITÉS LOCALES

1 Les chiffres clés des collectivités locales

• 64 millions d'habitants répartis dans 26 régions, 100 départements et 36 680 communes.

Répartition des communes selon leur taille

Taille de la commune	Nombre de communes	Part de la population	Taille de la commune	Nombre de communes	Part de la population
de 0 à 499 habitants	20 236	7,2 %	moins de 500 habitants	20 236	7,2 %
de 500 à 1 999 habitants	11 427	17,4 %	moins de 2 000 habitants	31 663	24,6 %
de 2 000 à 3 499 habitants	2 134	8,8 %	moins de 3 500 habitants	33 797	33,3 %
de 3 500 à 4 999 habitants	876	5,7 %	moins de 5 000 habitants	34 673	39,0 %
de 5 000 à 9 999 habitants	1 073	11,6 %	moins de 10 000 habitants	35 746	50,6 %
de 10 000 à 19 999 habitants	492	10,7 %	moins de 20 000 habitants	36 238	61,3 %
de 20 000 à 49 999 habitants	318	15,0 %	moins de 50 000 habitants	36 556	76,3 %
de 50 000 à 99 999 habitants	83	8,4 %	moins de 100 000 habitants	36 639	84,7 %
100 000 habitants et plus	41	15,3 %	toutes tailles confondues	36 680	100,0 %

Source : Insee, Recensement de la population, population municipale en vigueur en 2011 (millésimée 2008)

Répartition des départements selon leur taille

Taille du département	Nombre de départements	Part de la population	Taille du département	Nombre de départements	Part de la population
moins de 250 000 habitants	21	6,0 %	moins de 250 000 habitants	21	6,0 %
de 250 000 à 499 999 habitants	28	15,8 %	moins de 500 000 habitants	49	21,8 %
de 500 000 à 999 999 habitants	29	29,9 %	moins de 1 000 000 habitants	78	51,7 %
1 000 000 d'habitants ou plus	22	48,3 %	toutes tailles confondues	100	100,0 %

Source : Insee, Recensement de la population, population municipale en vigueur en 2011 (millésimée 2008)

Répartition des régions selon leur taille

Taille de la région	Nombre de régions	Part de la population	Taille de la région	Nombre de régions	Part de la population
moins de 1 000 000 habitants	6	4,5 %	moins de 1 000 000 habitants	6	4,5 %
de 1 000 000 à 1 999 999 habitants	9	22,3 %	moins de 2 000 000 habitants	15	26,8 %
de 2 000 000 à 3 999 999 habitants	7	31,5 %	moins de 4 000 000 habitants	22	58,3 %
4 000 000 d'habitants ou plus	4	41,7 %	toutes tailles confondues	26	100,0 %

Source : Insee, Recensement de la population, population municipale en vigueur en 2011 (millésimée 2008)

• 95,5 % des communes et 89,9 % de la population appartiennent à un groupement à fiscalité propre.

L'intercommunalité à fiscalité propre au 01/01/2011

	Nombre de groupements à fiscalité propre	Nombre de communes regroupées	Population (en millions d'habitants)
Communauté urbaine	16	424	7,7
Communauté d'agglomération	191	3 290	23,4
Communauté de communes	2 387	31 298	27,4
Syndicat d'agglomération nouvelle	5	29	0,3
Ensemble des groupements à fiscalité propre	**2 599**	**35 041**	**58,8**
dont groupements à fiscalité professionnelle unique	1 320	18 212	47,6

Sources : DGCL ; Insee, Recensement de la population, population totale en vigueur en 2011 (millésimée 2008)

• 11 831 syndicats intercommunaux et 3 268 syndicats mixtes en plus des 2 599 groupements à fiscalité propre, début 2011.

- **Les administrations publiques locales en 2009**
  - **effectuent 21 % de la dépense publique**
  - **réalisent 70 % de l'investissement public**
  - **détiennent 10,5 % de la dette publique.**

- **Les prélèvements obligatoires perçus par les administrations publiques locales représentent 6,1 % du PIB.**

- **214 Md€ de dépenses en 2009.**

Les finances des collectivités locales en 2009
(en millards d'euros)

	Communes	Groupements à fiscalité propre	Secteur communal : communes et groupements	Départements	Régions	Ensemble
Dépenses totales	**91,8**	**34,1**	**117,4**	**68,4**	**28,0**	**213,8**
Dépenses de fonctionnement	**62,0**	**24,6**	**78,2**	**50,9**	**16,0**	**145,2**
dont dépenses de personnel	31,9	4,9	36,9	10,7	2,7	50,2
dont intérêts de dette	2,2	0,6	2,8	0,8	0,5	4,1
Recettes de fonctionnement	**72,7**	**28,6**	**93,0**	**57,3**	**21,5**	**171,7**
dont concours financiers de l'État	10,4	7,2	26,5	13,4	8,5	48,5
dont impôts locaux	28,8	14,5	43,3	22,2	5,0	70,5
dont autres impôts et taxes	5,5	4,0	9,6	15,4	7,3	32,1
Épargne brute : excédent de fonctionnement	10,7	4,0	14,7	6,3	5,5	26,5
Dépenses d'investissement	**29,7**	**9,5**	**39,2**	**17,4**	**12,0**	**68,6**
dont dépenses d'équipement brut	21,4	6,0	27,4	8,6	3,8	39,8
dont subventions versées	1,4	1,2	2,6	5,5	5,7	13,8
dont remboursements de dette	5,6	1,5	7,1	2,9	2,0	12,0
Recettes d'investissement	**19,8**	**5,9**	**25,7**	**9,7**	**6,3**	**41,8**
dont emprunt	6,8	2,5	9,2	5,1	3,6	18,0
dette au 31/12	**58,6**	**17,1**	**75,7**	**27,0**	**15,7**	**118,3**

Source : DGFiP

Les données figurant dans la colonne secteur communal ne correspondent pas à la somme des opérations « communes » et « groupements à fiscalité propre » : les reversements fiscaux des groupements vers les communes ont été neutralisés en dépenses comme en recettes de fonctionnement.

● La taxe d'habitation, les taxes foncières sur les propriétés bâties et non bâties et la compensation relais rapportent 74 Md€ aux collectivités locales.

Les produits votés par les collectivités locales et la compensation relais en 2010
(en milliards d'euros)

	Secteur communal	Départements	Régions	Toutes collectivités
Taxe d'habitation	11,51	5,73	s.o.	17,24
Taxe foncière sur les propriétés bâties	14,33	7,28	1,92	23,52
Taxe foncière sur les propriétés non bâties	0,83	0,06	0,01	0,90
Compensation relais	19,13	9,98	3,38	32,48
Total 3 taxes et compensation relais	**45,79**	**23,04**	**5,31**	**74,14**
Taxe d'enlèvement des ordures ménagères	5,68	s.o.	s.o.	5,68
Total	**51,48**	**23,04**	**5,31**	**79,83**

Sources : DGFiP, DGCL

Autres taxes perçues par les collectivités locales hors taxes liées à l'urbanisme
Montants perçus en 2009
(en milliards d'euros)

	Secteur communal	Départements	Régions	Toutes collectivités
Droits de mutation à titre onéreux (DMTO)	1,69	5,22		6,91
Taxe intérieure sur les produits pétroliers (TIPP)		5,78	3,86	9,65
Versement destiné aux transports en commun	5,95			5,95
Taxe spéciale sur les conventions d'assurance		3,13		3,13
Taxe sur les cartes grises			1,92	1,92
Taxe sur l'électricité	0,99	0,57		1,56
Impôts et taxes d'outre mer	0,74	0,17	0,49	1,40
Autres taxes	1,67	0,25	1,00	2,91
Total taxes (hors taxes liées à l'urbanisme)	**11,04**	**15,12**	**7,27**	**33,43**

Sources : DGFiP, DGCL

- **Les principaux transferts de l'État aux collectivités locales :**
  - **Dotation globale de fonctionnement 41,3 Md€**
  - **Fiscalité transférée 25,4 Md€**
  - **Dégrèvements d'impôts locaux et subventions spécifiques versées par les ministères 13,3 Md€**

Transferts financiers de l'État aux collectivités térritoriales (99 Md €)

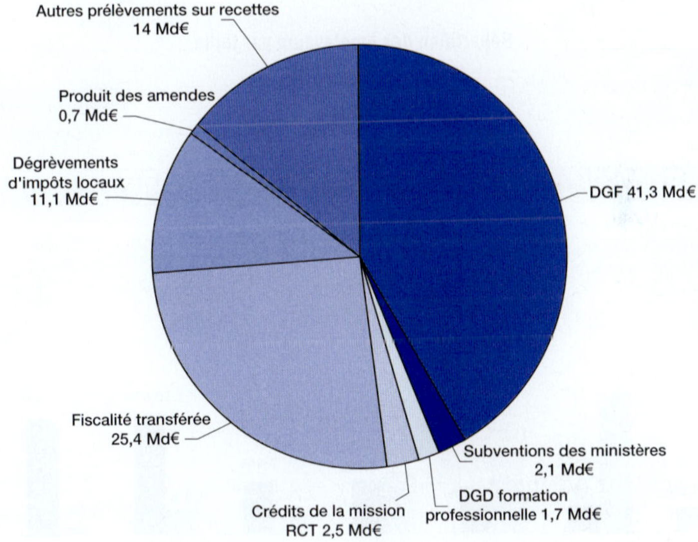

Sources : Projet de loi de finances, effort financier de l'État en faveur des collectivités locales ; loi de finances initiale pour 2011

Répartition de la DGF entre catégories de collectivités en 2011

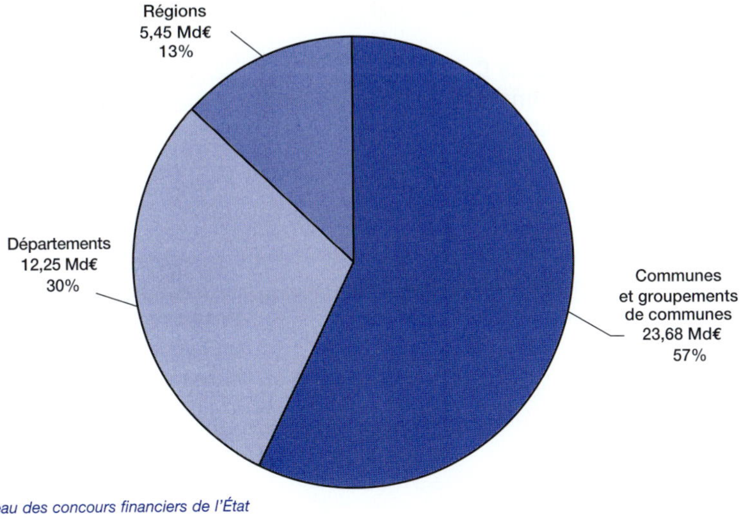

Source : DGCL, bureau des concours financiers de l'État

1 Les chiffres clés des collectivités locales

- **519 417 conseillers municipaux,**
- **4 042 conseillers généraux,**
- **1 880 conseillers régionaux.**

- **La fonction publique territoriale compte plus de 2 millions d'agents relevant de 57 445 employeurs.**

Répartition des employeurs par taille

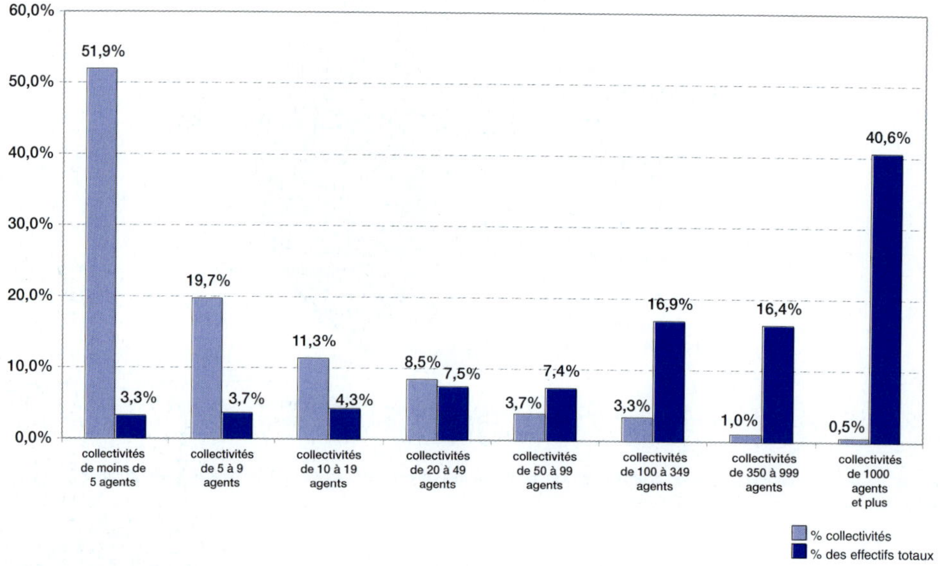

Source : Insee, Enquête sur les personnels des collectivités territoriales et des établissements publics locaux données au 31 décembre 2008

- **71,4 % des agents sont titulaires.**

- **76 % des agents en catégorie C**
- **14 % des agents en catégorie B**
- **9 % des agents en catégorie A**

2 LES COLLECTIVITÉS LOCALES ET LEUR POPULATION

2-1 Nombre de collectivités locales

Définition

Depuis la révision constitutionnelle du 28 mars 2003, sont définies comme « **collectivités territoriales de la République** » à l'article 72 de la Constitution :
- les communes ;
- les départements y compris les quatre départements d'outre-mer (DOM) ;
- les régions y compris les quatre régions d'outre-mer ;
- les collectivités à statut particulier ;
- les collectivités d'outre-mer (COM).

La Nouvelle-Calédonie est une collectivité publique dite sui generis (« de son propre genre ») et non une collectivité territoriale.

La commune est la plus petite subdivision administrative française. Les communes ont été créées le 14 décembre 1789. Certaines ont acquis un statut particulier. C'est le cas de Paris, Marseille, Lyon depuis la loi dite « PML » du 31 décembre 1982.

Le département, créé par loi du 22 décembre 1789, devient une collectivité territoriale par la loi du 10 août 1871. Les départements d'outre-mer (DOM) ont, quant à eux, été crées par la loi du 19 mars 1946.

La région a été créée par la loi de décentralisation du 2 mars 1982. La première élection des conseillers régionaux au suffrage universel direct a eu lieu le 16 mars 1986. Leur existence a été consacrée par la révision constitutionnelle du 28 mars 2003. La collectivité territoriale de Corse, qui est le plus souvent assimilée à une région, est dotée d'un statut particulier.

Les collectivités d'outre-mer (COM) sont, aux termes de la révision constitutionnelle du 28 mars 2003, des territoires de la République française dont le statut est régi par l'article 74 de la Constitution. Ces territoires, au nombre de six, ont des statuts et une organisation interne très divers par la loi organique. Mayotte, l'une des six COM, va devenir le cinquième DOM et le 101e département français à compter du renouvellement du conseil général en 2011.

Le canton est une circonscription électorale dans le cadre de laquelle est élu un conseiller général.

Les établissements publics de coopération intercommunale (EPCI) désignent les différentes formes de coopération existant entre les communes. On distingue deux types d'EPCI :
- la forme fédérative dite à fiscalité propre, caractérisée par une fiscalité directe locale et par l'existence de compétences obligatoires : les communautés urbaines, les communautés d'agglomération, les syndicats d'agglomération nouvelle et les communautés de communes et les métropoles créées par la loi n° 2010-1563 du 16 décembre 2010 de réforme des collectivités territoriales ;
- la forme associative dite sans fiscalité propre, financée par les contributions des communes qui en sont membres : dont les syndicats à vocation unique et les syndicats à vocation multiple regroupés sous la dénomination syndicats de communes.

Présentation

La France compte, au 1er janvier 2011, 36 680 communes dont 112 dans les départements d'outre-mer. Les collectivités d'outre-mer (COM) rassemblent 111 communes supplémentaires. Le nombre de communes en France a évolué depuis le 1er janvier 2010 en raison d'une fusion-association.
On compte 100 départements dont 4 d'outre-mer et 25 régions dont 4 d'outre-mer. La collectivité territoriale de Corse, qui est une collectivité à statut particulier, est le plus souvent assimilée à une région, ce qui porte le nombre de régions à 26.

Au 1er janvier 2011, on recense 14 430 établissements publics de coopération intercommunale : 2 599 à fiscalité propre et 11 831 à contributions communales.

Pour en savoir plus

Le code officiel géographique, établi par l'Insee, rassemble les codes et libellés des communes, des cantons, des arrondissements, des départements, des régions au 1er janvier 2011.
Les données figurant dans ce chapitre sont issues du code officiel géographique mis à jour annuellement par l'Insee.
Les données détaillées du code officiel géographique sont disponibles sur le site de l'Insee : www.insee.fr.

Les collectivités territoriales de la République

(en nombre de collectivités)	2011
Communes	**36 791**
dont : Métropole	36 568
DOM	112
COM et Nouvelle-Calédonie	111
Départements	**100**
dont : Métropole	96
DOM	4
Régions	**26**
dont : Métropole	21
ROM	4
Collectivité territoriale de Corse	1
Collectivités d'outre-mer	**6**
Polynésie française, Wallis et Futuna, Mayotte, Saint-Pierre-et-Miquelon, Saint-Barthélemy, Saint-Martin	
Collectivité à statut particulier	**1**
Nouvelle-Calédonie	

Source : Insee, Code officiel géographique

Les Établissements publics de coopération intercommunale et autres syndicats mixtes

(en nombre de groupements)	2011
EPCI à fiscalité propre	**2 599**
dont : communautés urbaines	16
communautés d'agglomération	191
syndicats d'agglomération nouvelle	5
communautés de communes	2 387
Syndicats*	**15 099**
dont : syndicats intercommunaux à vocation unique	10 473
syndicats intercommunaux à vocation multiple	1 358
syndicats mixtes	3 268

Source : DGCL

** Le recensement des syndicats a été réalisé le 1er février 2011.*

Découpage administratif en cantons

(en nombre de cantons)	2011
Cantons	**4 056**
dont : Métropole	3 883
DOM	153
Mayotte	20

Source : Insee, Code officiel géographique

2-2 Population des régions

Définitions

La population municipale comprend les personnes ayant leur résidence habituelle sur le territoire de la commune, dans un logement ou une communauté, les personnes détenues dans les établissements pénitentiaires de la commune, les personnes sans-abri recensées sur le territoire de la commune et les personnes résidant habituellement dans une habitation mobile recensée sur le territoire de la commune.
La population municipale d'un ensemble de communes est égale à la somme des populations municipales des communes qui le composent.

Le recensement de la population a pour objectifs le dénombrement des logements et de la population résidant en France et la connaissance de leurs principales caractéristiques : sexe, âge, activité, professions exercées, caractéristiques des ménages, taille et type de logement, modes de transport, déplacements quotidiens.
La loi du 27 février 2002, relative à la démocratie de proximité, a modifié en profondeur les méthodes de recensement. Depuis janvier 2004, le comptage traditionnel est remplacé par des enquêtes de recensement annuelles.
La nouvelle méthode repose sur deux principes :
* Les communes de moins de 10 000 habitants réalisent désormais une enquête de recensement exhaustive tous les cinq ans, à raison d'un cinquième des communes chaque année.
* Les communes de 10 000 habitants ou plus réalisent tous les ans une enquête par sondage auprès d'un échantillon de 8 % des logements.

Le recensement de la population des COM et de la Nouvelle-Calédonie relève, selon les cas, des articles 156 ou 157 du titre V de la loi n° 2002-276 du 27 février 2002. Les populations légales de Saint-Barthélemy, Saint-Martin et Saint-Pierre-et-Miquelon, dont le recensement est réalisé dans le cadre général du recensement rénové (article 156), sont actualisées chaque année. Les autres COM ainsi que la Nouvelle-Calédonie procèdent, par dérogation (article 157), à des recensements généraux de la population tous les cinq ans.

Présentation

Au 1er janvier 2008, près de 64 millions de personnes résident en France, soit une population en progression de 3,8 millions par rapport au recensement de 1999.
35 % de la population est regroupée dans trois régions : Île-de-France, Rhône-Alpes et Provence-Alpes-Côte d'Azur.
L'Île-de-France concentre à elle seule 18 % de la population dans 4 % des communes. L'évolution démographique est soutenue dans les communes en périphérie de Paris, tandis que la croissance de la population en grande couronne ralentit par rapport à celle des années 1990.

La très grande majorité des régions enregistre une nette croissance démographique entre 1999 et 2008. Seules deux régions affichent une évolution faible (Nord–Pas-de-Calais) voire une très légère décroissance (Champagne-Ardenne).
Dans dix régions, la croissance, portée aussi bien par les espaces urbains que par les zones rurales, est supérieure à la moyenne métropolitaine (+ 0,7 %).
Onze régions ont une croissance intermédiaire (de + 0,2 % à + 0,5 %). Le Limousin et l'Auvergne retrouvent une croissance qu'ils avaient perdue à la fin des années 1990.

Les régions d'outre-mer ont une croissance relativement élevée, due en grande partie à un accroissement naturel (naissances – décès) important. Cette dynamique naturelle se conjugue avec un fort solde migratoire apparent pour la Guyane.

Pour en savoir plus

Les données figurant dans ce chapitre sont issues du recensement de la population réalisé par l'Insee.

Les données détaillées sont disponibles sur le site de l'Insee : www.insee.fr

Population municipale en vigueur en 2011 (millésimée 2008)

(en nombre d'habitants)	Population municipale
Alsace	1 837 087
Aquitaine	3 177 625
Auvergne	1 341 863
Bourgogne	1 638 588
Bretagne	3 149 701
Centre	2 531 588
Champagne-Ardenne	1 338 004
Corse	302 966
Franche-Comté	1 163 931
Île-de-France	11 659 260
Languedoc-Roussillon	2 581 718
Limousin	740 743
Lorraine	2 346 361
Midi-Pyrénées	2 838 228
Nord-Pas-de-Calais	4 024 490
Basse-Normandie	1 467 522
Haute-Normandie	1 825 667
Pays de la Loire	3 510 170
Picardie	1 906 601
Poitou-Charentes	1 752 708
Provence-Alpes-Côte d'Azur	4 882 913
Rhône-Alpes	6 117 229
Guadeloupe	401 784
Guyane	219 266
La Réunion	808 250
Martinique	397 693
France	**63 961 956**
dont Métropole	62 134 963
ROM	1 826 993
Collectivités d'outre-mer et Nouvelle-Calédonie	
Saint-Pierre-et-Miquelon	6 072
Saint-Barthélemy	8 673
Saint-Martin	36 661
Mayotte (recensement 2007)	186 452
Polynésie française (recensement 2007)	259 596
Wallis-et-Futuna (recensement 2008)	13 484
Nouvelle-Calédonie (recensement 2009)	245 580
Ensemble République française	**64 472 894**

Source : Insee, Recensement de la population

2-3 Population des départements

Définitions

- La population municipale : cf. 2.2.
- Le recensement de la population : cf. 2.2.

Présentation

Au 1er janvier 2008, près de 64 millions de personnes résident en France, soit une population en progression de 3,8 millions par rapport au recensement de 1999.

Alors que durant les années 1980 et 1990 le dynamisme démographique de la France métropolitaine était porté surtout par les périphéries urbaines, désormais ce sont tous les types de territoires qui en bénéficient. En 2008, la population reste concentrée autour du pôle parisien et des grandes agglomérations. Mais certains territoires éloignés des villes se densifient fortement. La population des espaces ruraux augmente au même rythme que celle de l'ensemble du territoire français (+ 0,7 % par an). En parallèle, de nouvelles zones de densification urbaine apparaissent le long des infrastructures et de certaines frontières.

À l'intérieur des pôles urbains, les villes-centres connaissent un regain démographique, particulièrement dans les plus grandes agglomérations. Dans le Nord, l'Est et les grandes villes, où la population est plus jeune qu'ailleurs, le dynamisme démographique vient essentiellement d'un nombre de naissances très supérieur à celui des décès. L'attrait du Sud et de l'Ouest est toujours très fort, tandis que le grand bassin parisien marque le pas.

En 2008, la population reste concentrée autour du pôle parisien et des grandes agglomérations. Toutefois, elle se déploie également le long de couloirs de peuplement : la vallée de la Seine-Aval, les sillons alpin et rhodanien, le littoral méditerranéen, etc.

Pour en savoir plus

Les données figurant dans ce chapitre sont issues du recensement de la population réalisé par l'Insee.

Les données détaillées sont disponibles sur le site de l'Insee : www.insee.fr

Population municipale en vigueur en 2011 (millésimée 2008)

(en nombre d'habitants)		Population municipale
01	Ain	581 355
02	Aisne	538 790
03	Allier	342 807
04	Alpes-de-Haute-Provence	157 965
05	Hautes-Alpes	134 205
06	Alpes-Maritimes	1 084 428
07	Ardèche	311 452
08	Ardennes	284 197
09	Ariège	150 201
10	Aube	301 327
11	Aude	349 237
12	Aveyron	275 889
13	Bouches-du-Rhône	1 966 005
14	Calvados	678 303
15	Cantal	148 737
16	Charente	351 581
17	Charente-Maritime	611 714
18	Cher	313 251
19	Corrèze	242 896
2A	Corse-du-Sud	140 953
2B	Haute-Corse	162 013
21	Côte-d'Or	521 608
22	Côtes-d'Armor	581 570
23	Creuse	123 907
24	Dordogne	409 388
25	Doubs	522 685
26	Drôme	478 069
27	Eure	577 087
28	Eure-et-Loir	423 559
29	Finistère	890 509
30	Gard	694 323
31	Haute-Garonne	1 217 344
32	Gers	185 266
33	Gironde	1 421 276
34	Hérault	1 019 798
35	Ille-et-Vilaine	967 588
36	Indre	232 004
37	Indre-et-Loire	585 406
38	Isère	1 188 660
39	Jura	260 740
40	Landes	373 142
41	Loir-et-Cher	326 599
42	Loire	742 076
43	Haute-Loire	221 834
44	Loire-Atlantique	1 255 871
45	Loiret	650 769
46	Lot	172 796
47	Lot-et-Garonne	326 399
48	Lozère	76 973
49	Maine-et-Loire	774 823
50	Manche	496 937
51	Marne	566 010

(en nombre d'habitants)		Population municipale
52	Haute-Marne	186 470
53	Mayenne	302 983
54	Meurthe-et-Moselle	729 768
55	Meuse	194 218
56	Morbihan	710 034
57	Moselle	1 042 230
58	Nièvre	220 653
59	Nord	2 564 959
60	Oise	799 725
61	Orne	292 282
62	Pas-de-Calais	1 459 531
63	Puy-de-Dôme	628 485
64	Pyrénées-Atlantiques	647 420
65	Hautes-Pyrénées	229 079
66	Pyrénées-Orientales	441 387
67	Bas-Rhin	1 091 015
68	Haut-Rhin	746 072
69	Rhône	1 690 498
70	Haute-Saône	238 548
71	Saône-et-Loire	553 968
72	Sarthe	559 587
73	Savoie	408 842
74	Haute-Savoie	716 277
75	Paris	2 211 297
76	Seine-Maritime	1 248 580
77	Seine-et-Marne	1 303 702
78	Yvelines	1 406 053
79	Deux-Sèvres	365 059
80	Somme	568 086
81	Tarn	371 738
82	Tarn-et-Garonne	235 915
83	Var	1 001 408
84	Vaucluse	538 902
85	Vendée	616 906
86	Vienne	424 354
87	Haute-Vienne	373 940
88	Vosges	380 145
89	Yonne	342 359
90	Territoire de Belfort	141 958
91	Essonne	1 205 850
92	Hauts-de-Seine	1 549 619
93	Seine-Saint-Denis	1 506 466
94	Val-de-Marne	1 310 876
95	Val-d'Oise	1 165 397
971	Guadeloupe	401 784
972	Martinique	397 693
973	Guyane	219 266
974	La Réunion	808 250
France		**63 961 956**
dont Métropole		62 134 963
DOM		1 826 993

Source : Insee, Recensement de la population

2-4 Les groupements de communes à fiscalité propre

Définitions

- **Les établissements publics de coopération intercommunale** : cf. 2.1.
- **La population totale d'un EPCI** est égale à la somme des populations totales des communes qui le composent.
- **La population totale** (légale) d'une commune est égale à la somme de la population municipale et de la population comptée à part de la commune.
- **La population municipale** comprend les personnes ayant leur résidence habituelle (au sens du décret) sur le territoire de la commune, dans un logement ou une communauté, les personnes détenues dans les établissements pénitentiaires de la commune, les personnes sans-abri recensées sur le territoire de la commune et les personnes résidant habituellement dans une habitation mobile recensée sur le territoire de la commune.

Le concept de **population comptée à part** est défini par le décret n° 2003-485 publié au Journal officiel du 8 juin 2003, relatif au recensement de la population. La population comptée à part comprend certaines personnes dont la résidence habituelle (au sens du décret) est dans une autre commune mais qui ont conservé une résidence sur le territoire de la commune :

1. Les mineurs dont la résidence familiale est dans une autre commune mais qui résident, du fait de leurs études, dans la commune, 2. Les personnes ayant une résidence familiale sur le territoire de la commune et résidant dans une communauté d'une autre commune, dès lors que la communauté relève de l'une des catégories suivantes : - services de moyen ou de long séjour des établissements publics ou privés de santé, établissements sociaux de moyen ou de long séjour, maisons de retraite, foyers et résidences sociales ; - communautés religieuses ; - casernes ou établissements militaires, 3. Les personnes majeures âgées de moins de 25 ans ayant leur résidence familiale sur le territoire de la commune et qui résident dans une autre commune pour leurs études, 4. Les personnes sans domicile fixe rattachées à la commune au sens de la loi du 3 janvier 1969 et non recensées dans la commune.

- **Fiscalité propre (établissements publics à)** : Intercommunalité dont le financement est assuré par le recours à la fiscalité directe locale. Il s'agit des communautés de communes, des communautés d'agglomération, des communautés urbaines et des syndicats d'agglomération nouvelle.

Définitions CU, CA et CC, cf. 2-5.

Définition SAN cf. 2-6.

Présentation

Au 1er janvier 2011, la France compte 35 041 communes regroupées dans les EPCI à fiscalité propre, soit 267 communes de plus qu'un an auparavant (34 774). Au cours de l'année, ce sont 125 communes isolées qui ont adhéré à des groupements existants.
Le nombre d'EPCI à fiscalité propre s'élève à 2 599 au 1er janvier 2011 contre 2 611 au 1er janvier 2010.
Ainsi, 95,5 % des communes et 89,9 % de la population appartiennent à un des quatre types de groupements à fiscalité propre.
Et l'année 2010 a vu la création de la 1re intercommunalité à fiscalité propre dans une collectivité d'outre mer : la communauté de communes (CC) des Îles Marquises en Polynésie française.

La coopération intercommunale permet aux communes qui se regroupent de gérer en commun des équipements ou des services publics, d'élaborer des projets de développement économique d'aménagement ou d'urbanisme à l'échelle d'un territoire plus vaste que la commune.
Les communes transfèrent aux groupements des compétences. Cette délégation d'activités confère aux établissements publics de coopération intercommunale (EPCI) le pouvoir décisionnel et exécutif au lieu et place des communes adhérentes.
La forme fédérative dont le financement provient de la fiscalité directe locale regroupe les communautés urbaines (CU), les communautés d'agglomération (CA), les syndicats d'agglomération nouvelle (SAN) et les communautés de communes (CC).

En application de la loi de réforme des collectivités territoriales du 16 décembre 2010, l'année 2011 sera consacrée à l'élaboration des schémas départementaux de coopération intercommunale. Ceux-ci permettront une recomposition de la carte intercommunale, visant notamment le rattachement des dernières communes isolées à des EPCI à fiscalité propre et la rationalisation du périmètre des EPCI existants.

Pour en savoir plus

Les données figurant dans ce chapitre sont issues de la base des EPCI à fiscalité propre mise à jour annuellement par la DGCL.
Les données détaillées des EPCI à fiscalité propre sont disponibles sur les sites de la DGCL : www.dgcl.interieur.gouv.fr et www.banatic.interieur.gouv.fr

Les données de population figurant dans ce chapitre sont issues du recensement de la population réalisé par l'Insee. Les données détaillées du recensement sont disponibles sur le site de l'Insee : www.insee.fr

Évolution du nombre de groupements de communes à fiscalité propre depuis 2007

Au 1er janvier	2007	2008	2009	2010	2011
Communauté urbaine	14	14	16	16	16
Communauté d'agglomération	169	171	174	181	191
Syndicat d'agglomération nouvelle	5	5	5	5	5
Communauté de communes	2 400	2 393	2 406	2 387	2 387
Nombre d'EPCI à fiscalité propre	**2 588**	**2 583**	**2 601**	**2 589**	**2 599**
Nombre total de communes	**33 413**	**33 636**	**34 166**	**34 774**	**35 041**
Population totale* regroupée (en millions d'habitants)	**54,2**	**54,6**	**56,4**	**57,9**	**58,8**
dont à fiscalité propre unique :					
Nombre de groupements	*1 200*	*1 224*	*1 263*	*1 302*	*1 320*
Nombre total de communes	*15 859*	*16 970*	*16 964*	*17 732*	*18 212*
Population totale (en millions d'hab.)*	*41,8*	*42,4*	*44,3*	*46,4*	*47,6*

Source : DGCL, Insee Recensements de la population

* *Population totale, en vigueur au 1er janvier de chaque année, des communes composant les groupements.*

2-5 Les groupements de communes à fiscalité propre par taille

Définitions

Communauté urbaine (CU) : La communauté urbaine regroupe depuis la loi n° 2010-1563 du 16 décembre 2010 de réforme des collectivités territoriales plusieurs communes formant un ensemble de plus de 450 000 habitants, d'un seul tenant et sans enclave. Les communautés existantes antérieurement à la loi de 1999 ont des effectifs inférieurs à ce seuil et peuvent ne pas avoir adopté le régime de la TPU.
Forme de coopération plus intégrée que la communauté d'agglomération, elle dispose de compétences plus larges que celle-ci. Elle est ainsi compétente, à titre obligatoire, dans les mêmes domaines que la CA, mais également en matière de développement et d'aménagement économique, social et culturel, de gestion des services collectifs et en matière d'environnement.

Communauté d'agglomération (CA) : Créée par la loi du 12 juillet 1999 et modifiée par la loi du 16 décembre 2010, la communauté d'agglomération est un EPCI regroupant plusieurs communes formant, à la date de sa création, un ensemble de plus de 50 000 habitants d'un seul tenant et sans enclave, autour d'une ou plusieurs communes centre de plus de 15 000 habitants. Le seuil démographique de 15 000 habitants ne s'applique pas lorsque la communauté d'agglomération comprend le chef-lieu du département ou la commune la plus importante du département. Le seuil démographique de 50 000 habitants est réduit à 30 000 habitants lorsque la communauté d'agglomération comprend le chef-lieu du département. Le seuil démographique de 50 000 habitants peut également être apprécié en prenant en compte la population telle que définie à l'article L. 2334-2, à la double condition que cette dernière excède ce seuil d'au moins 20 % et qu'elle excède la population totale de plus de 50 %. Elle a pour objet d'associer des communes au sein d'un espace de solidarité, en vue de bâtir un projet commun de développement urbain. Elle exerce pour cela des compétences obligatoires en matière de développement économique, d'aménagement de l'espace, d'équilibre social de l'habitat et de politique de la ville...

Communauté de communes (CC) : Créée par la loi du 6 février 1992 et renforcée par la loi du 12 juillet 1999, la communauté de communes est un établissement public de coopération intercommunale regroupant plusieurs communes, associées au sein d'un espace de solidarité, autour d'un projet commun de développement économique et d'aménagement de l'espace.
Elle est dotée de deux compétences obligatoires : aménagement de l'espace et développement économique, et d'au moins un groupe de compétences optionnelles. À ce titre, elle peut exercer au lieu et place des communes des compétences de voirie communautaire, de logement social, de collecte, de traitement des déchets ménagers, d'équipements culturels et sportifs.

Syndicat d'agglomération nouvelle (SAN) cf. 2-6.

Métropole cf. 2-6.

Présentation

En 2010, le mouvement d'extension de la couverture du territoire s'est accompagné d'une diminution du nombre de groupements, signe de la poursuite de la rationalisation des périmètres. La population moyenne des groupements (en termes de population totale légale) augmente et s'élève à plus de 22 600 habitants. La taille moyenne en nombre de communes croît de façon plus modérée pour atteindre 13,5 communes.
La population moyenne des EPCI à fiscalité propre, toutes catégories confondues, a sensiblement augmenté de près de 2 000 habitants par EPCI entre 2005 et 2011.

La majorité des CU formant un ensemble de moins de 500 000 habitants ont été créées avant la loi du n° 99-596 du 12 juillet 1999 qui a réaménagé le seuil de création en le portant de 20 000 à 500 000 habitants. Ce seuil fixé pour la création d'une CU a été abaissé par la loi n° 2010-1563 du 16 décembre 2010 de réforme des collectivités territoriales. Il est désormais de 450 000 habitants.
Cette loi a également créé la métropole : 11 des 16 CU pourraient éventuellement obtenir le statut de métropole. 7 d'entre elles forment un ensemble de plus de 500 000 habitants au 1er janvier 2011. Les 4 autres ont été créées par la loi relative aux communautés urbaines : Bordeaux, Lille, Lyon et Strasbourg.
Parmi les 191 CA, 4 rassemblent moins de 50 000 habitants. 3 d'entre elles, créées à la suite d'une transformation de CC fin 2010, comprennent le chef-lieu de département. 105 CA comprennent entre 50 000 et moins de 100 000 habitants (55 % des CA) et 10 dépassent 300 000 habitants. 1 dépasse le seuil des 450 000 habitants fixé pour les CU.
Les structures de gestion des agglomérations nouvelles, toujours au nombre de 5, ont vocation à se transformer en CA une fois les opérations de construction et d'aménagement terminées.
Parmi les 2 387 CC, 646 forment un ensemble de moins de 5 000 habitants dont 10 de moins de 700 habitants. Une CC compte en moyenne 11 500 habitants. La taille des CC se distingue en fonction du type de fiscalité adopté : les CC à fiscalité propre unique sont en moyenne plus peuplées avec 14 880 habitants contre 8 521 habitants pour les CC à fiscalité additionnelle.

Pour en savoir plus

Les données figurant dans ce chapitre sont issues de la base des EPCI à fiscalité propre mise à jour annuellement par la DGCL.
Les données détaillées des groupements de communes à fiscalité propre sont disponibles sur les sites de la DGCL : www.dgcl.interieur.gouv.fr et www.banatic.interieur.gouv.fr

Les données de population figurant dans ce chapitre sont issues du recensement de la population réalisé par l'Insee.
Les données détaillées du recensement sont disponibles sur le site de l'Insee : www.insee.fr

Répartition des groupements de communes à fiscalité propre par taille démographique au 1er janvier 2011

en nombre de groupements comportant(1) :	CU		CA	SAN	CC		EPCI à FP	
	FPU	FA			FPU	FA	Total	dont FPU
moins de 700 habitants	0	0	0	0	0	10	**10**	***0***
de 700 à 999	0	0	0	0	1	14	**15**	***1***
de 1 000 à 1 999	0	0	0	0	15	104	**119**	***15***
de 2 000 à 4 999	0	0	0	0	137	365	**502**	***137***
de 5 000 à 9 999	0	0	0	0	332	455	**787**	***332***
de 10 000 à 19 999	0	0	0	1	364	241	**606**	***365***
de 20 000 à 49 999	0	0	4	1	243	77	**325**	***248***
de 50 000 à 99 999	2	2	105	3	18	8	**138**	***128***
de 100 000 à 299 999	3	1	72	0	1	2	**79**	***76***
plus de 300 000 habitants	8	0	10	0	0	0	**18**	***18***
Total	**13**	**3**	**191**	**5**	**1 111**	**1 276**	**2 599**	***1 320***
Nombre de communes regroupées	***391***	***33***	***3 290***	***29***	***14 502***	***16 796***	***35 041***	***18 212***
Pop. totale (en millions d'hab.)(1)	***7,4***	***0,3***	***23,4***	***0,3***	***16,5***	***10,9***	***58,8***	***47,6***

Source : DGCL

(1) Population totale en vigueur en 2011 (millésimée 2008)

FPU : fiscalité professionnelle unique

FA : fiscalité additionnelle

2-6 Les groupements de communes à fiscalité propre par région

Définitions

- **Métropole** : Créée par la loi n° 2010-1563 du 16 décembre 2010 de réforme des collectivités territoriales, la métropole est un établissement public de coopération intercommunale (EPCI) regroupant des communes, formant à la date de sa création un ensemble de plus de 500 000 habitants. Peuvent également obtenir le statut de métropole les communautés urbaines instituées par la loi n° 66-1069 du 31 décembre 1966 au nombre de 4.
- **Syndicat d'agglomération nouvelle (SAN)** : Le syndicat d'agglomération nouvelle est une structure de coopération intercommunale mise en place pour organiser les villes nouvelles.

Définitions CU, CA et CC, cf. 2-5.

Présentation

Les dynamiques intercommunales s'avèrent différentes selon les régions.

Dans 20 des 22 régions métropolitaines, plus de 90 % de la population est regroupée au sein d'un EPCI à fiscalité propre, cette proportion dépasse même la barre des 95 % dans 19 d'entre elles. La couverture en intercommunalités à fiscalité propre est intégrale dans 3 des 4 régions d'outre-mer. Les régions Nord-Pas-de-Calais, Bretagne et Pays de la Loire, l'axe Limoges - Clermont-Ferrand - Lyon, ainsi que les côtes atlantiques et méditerranéennes se distinguent par une très forte couverture en EPCI à fiscalité propre unique.

Les dynamiques de création les plus importantes en 2010 se rencontrent en Île-de-France avec 3 créations *ex nihilo* dont 1 de CA, en Champagne-Ardenne et en Rhône-Alpes (2 créations *ex nihilo*).

La région Île-de-France comble peu à peu son retard en matière d'intercommunalité.

Bien que la région Île-de-France détienne toujours le plus faible taux de couverture en intercommunalités, la carte intercommunale a progressé significativement en 2010 : l'Île-de-France compte désormais 112 EPCI à fiscalité propre contre 93 au 1er janvier 2005. La région Île-de-France regroupe à elle seule 39 CA et enregistre 2 créations de CA, la 1re *ex nihilo* et la 2e issue d'une transformation de CC.

Pour en savoir plus

Les données figurant dans ce chapitre sont issues de la base des EPCI à fiscalité propre mise à jour annuellement par la DGCL.
Les données détaillées des groupements de communes à fiscalité propre sont disponibles sur les sites de la DGCL : www.dgcl.interieur.gouv.fr et www.banatic.interieur.gouv.fr

Les données de population figurant dans ce chapitre sont issues du recensement de la population réalisé par l'Insee.
Les données détaillées du recensement sont disponibles sur le site de l'Insee : www.insee.fr

Répartition des groupements de communes à fiscalité propre par région au 1er janvier 2011

(en nombre de groupements)

	CU		CA	SAN	CC		EPCI à FP	
	à FPU	à FA			à FPU	à FA	Total	dont FPU
Alsace	1	-	2	-	19	52	**74**	**22**
Aquitaine	1	-	8	-	83	84	**176**	**92**
Auvergne	-	-	6	-	65	33	**104**	**71**
Bourgogne	1	-	6	-	29	98	**134**	**36**
Bretagne	1	-	9	-	96	12	**118**	**106**
Centre	-	-	8	-	90	44	**142**	**98**
Champagne-Ardenne	-	-	4	-	18	100	**122**	**22**
Corse	-	-	2	-	7	11	**20**	**9**
Franche-Comté	-	-	4	-	32	56	**92**	**36**
Île-de-France	-	-	39	4	35	34	**112**	**78**
Languedoc-Roussillon	-	-	9	-	70	49	**128**	**79**
Limousin	-	-	2	-	41	23	***66***	**43**
Lorraine	1	-	6	-	35	103	**145**	**42**
Midi-Pyrénées	1	-	8	-	90	115	**214**	**99**
Nord-Pas-de-Calais	3	-	11	-	56	21	**91**	**70**
Basse-Normandie	-	2	3	-	33	90	**128**	**36**
Haute-Normandie	-	-	6	-	15	50	**71**	**21**
Pays de la Loire	1	1	7	-	74	48	**131**	**82**
Picardie	-	-	6	-	23	55	**84**	**29**
Poitou-Charentes	-	-	7	-	44	46	**97**	**51**
Provence-Alpes-Côte d'Azur	2	-	13	1	39	43	**98**	**55**
Rhône-Alpes	1	-	16	-	111	107	**235**	**128**
Guadeloupe	-	-	2	-	3	-	**5**	**5**
Martinique	-	-	2	-	-	1	**3**	**2**
Guyane	-	-	-	-	3	1	**4**	**3**
La Réunion	-	-	5	-	-	-	**5**	**5**
Total	**13**	**3**	**191**	**5**	**1 111**	**1 276**	**2 599**	**1 320**

Source : DGCL

Population des groupements de communes à fiscalité propre par région au 1er janvier 2011

(en milliers d'habitants(1))

	CU		CA	SAN	CC		EPCI	
	à FPU	à FA			à FPU	à FA	Total	dont FPU
Alsace	475,4	0,0	353,2	0,0	337,6	674,4	**1 840,6**	**1 166,2**
Aquitaine	719,2	0,0	646,2	0,0	1 248,34	605,8	**3 219,6**	**2 613,8**
Auvergne	0,0	0,0	600,4	0,0	559,7	210,3	**1 370,4**	**1 160,1**
Bourgogne	93,3	0,0	610,1	0,0	252,2	671,2	**1 626,9**	**955,7**
Bretagne	214,2	0,0	1 212,3	0,0	1 672,1	117,0	**3 215,7**	**3 098,7**
Centre	0,0	0,0	1 059,6	0,0	1 050,1	389,2	**2 498,9**	**2 109,7**
Champagne-Ardenne	0,0	0,0	480,5	0,0	164,8	688,1	**1 333,5**	**645,4**
Corse	0,0	0,0	136,7	0,0	44,8	57,6	**239,0**	**181,5**
Franche-Comté	0,0	0,0	453,8	0,0	392,0	337,3	**1 183,2**	**845,9**
Île-de-France	0,0	0,0	5 016,6	227,6	1 009,2	618,6	**6 872,0**	**6 253,4**
Languedoc-Roussillon	0,0	0,0	1 464,4	0,0	966,1	169,1	**2 599,6**	**2 430,5**
Limousin	0,0	0,0	283,9	0,0	366,2	99,5	**749,5**	**650,0**
Lorraine	262,9	0,0	552,2	0,0	598,3	924,4	**2 337,8**	**1 413,4**
Midi-Pyrénées	707,3	0,0	541,7	0,0	952,3	601,6	**2 802,9**	**2 201,3**
Nord-Pas-de-Calais	1 418,9	0,0	1 531,5	0,0	862,4	248,6	**4 061,5**	**3 812,9**
Basse-Normandie	0,0	132,1	283,8	0,0	432,9	636,0	**1 484,8**	**716,6**
Haute-Normandie	0,0	0,0	1 001,4	0,0	272,6	583,1	**1 857,1**	**1 274,0**
Pays de la Loire	596,6	195,4	797,8	0,0	1 443,6	546,8	**3 580,2**	**2 838,0**
Picardie	0,0	0,0	537,1	0,0	555,5	819,4	**1 911,9**	**1 092,5**
Poitou-Charentes	0,0	0,0	697,1	0,0	618,1	469,6	**1 784,8**	**1 315,2**
Provence-Alpes-Côte d'Azur	1 582,1	0,0	1 915,0	99,5	759,3	221,4	**4 577,2**	**4 355,8**
Rhône-Alpes	1 289,2	0,0	1 947,2	0,0	1 808,8	955,7	**6 001,0**	**5 045,2**
Guadeloupe	0,0	0,0	147,4	0,0	59,8	0,0	**207,2**	**207,2**
Martinique	0,0	0,0	292,2	0,0	0,0	111,6	**403,8**	**292,2**
Guyane	0,0	0,0	0,0	0,0	104,6	116,6	**221,1**	**104,6**
La Réunion	0,0	0,0	817,0	0,0	0,0	0,0	**817,0**	**817,0**
Total	**7 359,2**	**327,5**	**23 379,0**	**327,0**	**16 531,5**	**10 872,9**	**58 797,1**	**47 596,7**

Source : DGCL - Insee, Recensement de la population

(1) Population totale en vigueur en 2011 (millésimée 2008)

FPU : fiscalité professionnelle unique - FA : fiscalité additionnelle

2-7 Les principaux groupements de communes à fiscalité propre

Définitions

La population totale d'une commune est égale à la somme de la population municipale et de la population comptée à part de la commune.

La population municipale comprend les personnes ayant leur résidence habituelle (au sens du décret) sur le territoire de la commune, dans un logement ou une communauté, les personnes détenues dans les établissements pénitentiaires de la commune, les personnes sans-abri recensées sur le territoire de la commune et les personnes résidant habituellement dans une habitation mobile recensée sur le territoire de la commune.

Le concept de **population comptée à part** est défini par le décret n° 2003-485 publié au Journal officiel du 8 juin 2003, relatif au recensement de la population. La population comptée à part comprend certaines personnes dont la résidence habituelle (au sens du décret) est dans une autre commune mais qui ont conservé une résidence sur le territoire de la commune :
1. Les mineurs dont la résidence familiale est dans une autre commune mais qui résident, du fait de leurs études, dans la commune, **2.** Les personnes ayant une résidence familiale sur le territoire de la commune et résidant dans une communauté d'une autre commune, dès lors que la communauté relève de l'une des catégories suivantes : - services de moyen ou de long séjour des établissements publics ou privés de santé, établissements sociaux de moyen ou de long séjour, maisons de retraite, foyers et résidences sociales ; - communautés religieuses ; - casernes ou établissements militaires, **3.** Les personnes majeures âgées de moins de 25 ans ayant leur résidence familiale sur le territoire de la commune et qui résident dans une autre commune pour leurs études, **4.** Les personnes sans domicile fixe rattachées à la commune au sens de la loi du 3 janvier 1969 et non recensées dans la commune.

Définitions
Fiscalité propre, fiscalité professionnelle unique, cf. 2-4.
Communauté urbaine (CU), Communauté d'agglomération (CA) , Communauté de communes (CC) cf. 2.5.
Syndicat d'agglomération nouvelle (SAN) cf. 2.6.

Présentation

Les 16 communautés urbaines rassemblent, au 1er janvier 2011, 424 communes et plus de 7,7 millions d'habitants. Deux d'entre elles se sont étendues au cours de 2010 : la CU du Grand Toulouse et la CU de Lyon. Sur les 16 CU, 13 sont à fiscalité professionnelle unique et 3 à fiscalité additionnelle.
Les communautés d'agglomération sont 191 au 1er janvier 2011, soit 10 de plus en un an. Les mouvements de création *ex-nihilo*, de transformation et de fusion expliquent cette évolution. Les CA regroupent au total 3 290 communes et 23,4 millions d'habitants.
Parmi les 2 387 communautés de communes, 138 forment un ensemble de plus de 30 000 habitants dont 29 plus de 50 000 habitants. Certaines d'entre-elles pourront à terme se transformer en CA si elles remplissent les conditions liées à la taille. Courant 2010, ce sont 9 CC qui se sont transformées en CA.
Les 29 CC de plus de 50 000 habitants regroupent 717 communes, et 2 millions d'habitants soit 7,3 % de la population totale regroupée dans des CC. Parmi elles, 3 dépassent 100 000 habitants. Ces 29 CC ont davantage opté pour la fiscalité propre unique : 19 sont à fiscalité professionnelle unique et 10 à fiscalité additionnelle.

Les syndicats d'agglomération nouvelle, toujours au nombre de 5, rassemblent 29 communes et plus de 327 000 habitants.

Pour en savoir plus

Les données figurant dans ce chapitre sont issues de la base des EPCI à fiscalité propre mise à jour annuellement par la DGCL.
Les données détaillées des groupements de communes à fiscalité propre sont disponibles sur les sites de la DGCL : www.dgcl.interieur.gouv.fr et www.banatic.interieur.gouv.fr

Les données de population figurant dans ce chapitre sont issues du recensement de la population réalisé par l'Insee. Les données détaillées du recensement sont disponibles sur le site de l'Insee : www.insee.fr

Les 16 communes urbaines au 1er janvier 2011

N° du département	Dénomination	Régime fiscal	Nb total de communes	Population totale(1)
69	CU de Lyon (Grand Lyon)	FPU	58	1 289 216
59	CU de Lille Métropole	FPU	85	1 121 748
13	CU Marseille Provence Métropole	FPU	18	1 050 155
33	CU de Bordeaux	FPU	27	719 223
31	CU du Grand Toulouse	FPU	37	707 295
44	CU Nantes Métropole	FPU	24	596 640
06	CU Nice - Côte d'Azur	FPU	27	531 897
67	CU de Strasbourg	FPU	28	475 358
54	CU du Grand Nancy	FPU	20	262 906
29	CU de Brest Métropole Océane	FPU	8	214 253
59	CU de Dunkerque Grand Littoral	FPU	16	201 716
72	CU Le Mans Métropole	FA	9	189 351
62	CU d'Arras	FPU	24	95 447
71	CU Le Creusot - Montceau les Mines	FPU	19	93 347
50	CU de Cherbourg	FA	5	86 948
61	CU d'Alençon	FA	19	51 210
		Total	424	7 686 710

(1) Population totale en vigueur en 2011 (millésimée 2008)

Source : DGCL - Insee, Recensement de la population

Les 5 syndicats d'agglomération nouvelle au 1er janvier 2011

N° du département	Dénomination	Nb total de communes	Population totale(1)
77	SAN de Sénart Ville Nouvelle	8	99 594
13	SAN Ouest Provence	6	99 457
77	SAN de Marne la Vallée - Val Maubuée	6	86 838
77	SAN du Val d'Europe	5	25 023
91	SAN de Sénart en Essonne	4	16 100
	Total	29	327 012

(1) Population totale en vigueur en 2011 (millésimée 2008)

Source : DGCL - Insee, Recensement de la population

Les 29 communautés de communes de plus de 50 000 habitants au 1er janvier 2011

N° du département	Dénomination	Régime fiscal	Nb total de communes	Population totale(1)
78	CC de la Boucle de la Seine	FPU	7	171 727
973	CC du Centre Littoral	FA	6	116 586
972	CC du Nord Martinique	FA	18	111 632
38	CC du Pays du Grésivaudan	FPU	47	99 528
92	CC de Châtillon - Montrouge	FA	2	79 836
01	CC du Pays de Gex	FA	26	73 642
59	CC Cœur d'Ostrevent	FPU	21	73 531
76	CC Caux Vallée de Seine	FPU	47	68 639
973	CC de l'Ouest Guyanais	FPU	8	66 267
33	CC du Nord Libournais	FPU	32	66 070
91	CC de l'Arpajonnais	FPU	14	63 765
64	CC du Sud Pays Basque	FPU	12	62 634
01	CC de la plaine de l'Ain	FPU	33	62 417
17	CC de la Haute Saintonge	FA	123	60 123
44	CC du Pays d'Ancenis	FPU	29	59 273
91	CC du Val d'Essonne	FPU	21	57 881
54	CC de l'agglomération de Longwy	FA	18	56 551
40	CC Maremne Adour Côte Sud	FPU	23	56 349
33	CC du Bassin d'Arcachon Nord Atlantique	FA	8	56 262
35	CC du Pays de Redon	FPU	24	56 059
59	CC du Caudrésis et du Catésis	FPU	36	55 803
95	CC Roissy Porte de France	FPU	18	54 908
29	CC du Pays de Quimperlé	FPU	16	54 177
57	CC du Pays Orne Moselle	FA	13	53 673
44	CC d'Erdre et Gesvres	FPU	12	53 566
60	CC du pays de Valois	FA	62	52 991
68	CC des Trois-Frontières	FA	10	51 224
29	CC de Concarneau Cornouaille	FPU	9	51 199
38	CC du Pays Roussillonnais	FPU	22	50 120
		Total	717	1 996 433

(1) Population totale en vigueur en 2011 (millésimée 2008)

Source : DGCL - Insee, Recensement de la population

Les 191 communautés d'agglomération au 1er janvier 2011

N° du département	Dénomination	Nb total de communes	Population totale(1)
76	CA Rouen-Elbeuf-Austreberthe (CREA	71	495 230
83	CA Toulon Provence Méditerranée	12	431 234
34	CA Montpellier Agglomération	31	415 173
38	CA Grenoble Alpes Métropole	27	404 196
35	CA Rennes Métropole	37	400 756
93	CA Est Ensemble	9	396 819
42	CA de Saint Étienne Métropole	43	381 690
13	CA du Pays d'Aix-en-Provence	34	364 364
93	CA Plaine Commune	8	353 791
92	CA Grand Paris Seine Ouest	7	302 452
63	CA Clermont Communauté	21	287 009
37	CA Tour(s) Plus	19	284 326
45	CA d'Orléans - Val de Loire	22	279 272
49	CA Angers Loire Métropole	31	270 887
68	CA Mulhouse Alsace Agglomération	32	255 651
66	CA Perpignan Méditerranée	36	253 229
21	CA Grand Dijon	22	250 619
62	CA de Lens - Liévin	36	248 786
76	CA Havraise- CODH	17	246 084
30	CA Nîmes Métropole	27	233 946
57	CA de Metz Métropole (CA 2M)	40	225 157
14	CA Caen la Mer	29	223 224
92	CA Mont-Valérien	3	216 933
51	CA de Reims	6	213 787
62	CA de l'Artois	59	209 543
974	CA Territoire de la Côte Ouest (TCO)	5	209 421
87	CA de Limoges Métropole	18	202 851
94	CA Val de Bièvre	7	200 410
974	CA Intercommunale du Nord de la Réunion (CINOR)	3	199 581
59	CA de Valenciennes Métropole	35	194 280
95	CA de Cergy-Pontoise	12	192 038
56	CA du Pays de Lorient	19	191 716
78	CA Versailles Grand Parc	14	187 138
25	CA du Grand Besançon	59	182 397
92	CA des Hauts de Bièvre	7	180 748
84	CA du Grand Avignon	13	179 854
06	CA de Sophia Antipolis	16	179 431
80	CA Amiens Métropole	33	179 333
974	CA CIVIS (Communauté Villes Solidaires)	6	170 173
972	CA du Centre de la Martinique	4	169 908
59	CA du Douaisis	35	154 700
94	CA Plaine Centrale du Val de Marne	3	154 026
64	CA de Pau - Pyrénées	14	153 700
17	CA de La Rochelle	18	150 612
59	CA de la Porte du Hainaut	39	149 243
78	CA de Saint-Quentin-en-Yvelines	7	148 080
92	CA Sud de Seine	4	146 340
95	CA Val de France	4	140 397
74	CA Annécienne	13	139 858
86	CA Grand Poitiers	12	139 759
13	CA Salon-Étang de Berre-Durance	17	137 262
56	CA du Pays de Vannes Agglomération	24	133 992
95	CA Argenteuil - Bezons	2	133 173
91	CA Europ'Essonne	10	131 522
92	CA Seine-Défense	2	130 575
10	CA Grand Troyes	14	129 693
91	CA du Val d'Orge	9	127 038
73	CA Chambéry Métropole	24	125 872
64	CA Agglomération Côte Basque Adour	5	125 851
62	CA d'Hénin Carvin	14	124 841
93	CA Plaine de France	3	122 875
972	CA de l'Espace Sud de la Martinique	12	122 255
62	CA du Boulonnais	22	122 068
26	CA Valence Agglo - Sud Rhône-Alpes	11	122 050
44	CA Région Nazairienne et de l'Estuaire (la CARENE)	10	120 172
25	CA du Pays de Montbéliard	29	120 014
974	CA du Sud	4	119 702
974	CA Intercommunale de la Réunion Est (CIREST))	6	118 124
22	CA Saint-Brieuc Agglomération Baie d'Armor	14	116 918
91	CA d'Évry Centre Essonne	6	116 125
28	CA de Chartres Métropole	32	112 047
16	CA du Grand Angoulême	15	110 755
34	CA Béziers Méditerranée	13	110 451
95	CA de la Vallée de Montmorency	8	110 068
71	CA Chalon - Val de Bourgogne	39	109 590
77	CA Melun Val de Seine	14	109 007
11	CA le Grand Narbonne	29	106 533
79	CA de Niort	29	105 741
94	CA le Haut Val de Marne	7	104 744
13	CA du Pays d'Aubagne et de l'Étoile	12	104 206
18	CA Bourges Plus	14	100 907
59	CA Maubeuge Val de la Sambre	22	100 286
91	CA du Plateau de Saclay	10	98 903
38	CA Porte de l'Isère	21	98 116
62	CA du Calaisis	5	98 088
53	CA Laval Agglomération	20	98 016
68	CA de Colmar	9	96 916
90	CA Belfortaine	30	96 814
83	CA Dracénoise	16	95 919
34	CA du Bassin de Thau	8	94 831
38	CA du Pays Voironnais	34	92 969
85	CA La Roche sur Yon Agglomération	15	92 690
91	CA du Val d'Yerres	6	91 363
93	CA de l'Aéroport du Bourget	3	91 063
41	CA de Blois « Agglopolys »	26	90 902
29	CA Quimper Communauté	8	90 501
95	CA le Parisis	6	89 685

N° du département	Dénomination	Nb total de communes	Population totale[1]
83	CA de Fréjus - Saint-Raphaël	2	88 126
78	CA de Mantes en Yvelines (CAMY)	17	86 918
27	CA d'Évreux	37	85 138
95	CA Val et Forêt	6	84 848
35	CA de Saint-Malo Agglomération	18	84 210
77	CA du Pays de Meaux	18	83 567
81	CA de Castres Mazamet	16	82 850
81	CA de l'Albigeois	17	82 844
49	CA du Choletais	13	82 819
57	CA de Forbach - Porte de France	21	81 743
60	CA du Beauvaisis	31	81 350
19	CA de Brive	15	81 007
57	CA Portes de France-Thionville	13	80 641
13	CA Arles - Crau - Camargue - Montagnette	5	80 304
2A	CA du Pays Ajaccien	10	79 597
91	CA Sénart Val de Seine	3	79 210
74	CA Annemasse - Les Voirons - Agglomération	12	78 930
65	CA du Grand Tarbes (CAGT)	12	78 493
42	CA Loire-Forez	45	77 915
06	CA du Moyen Pays Provençal - Pôle Azur Provence	5	77 677
03	CA de Vichy Val d'Allier	23	77 367
971	CA CAP Excellence	2	77 359
36	CA Castelroussine	12	76 455
30	CA du Grand Alès en Cévennes	16	76 364
17	CA Royan Atlantique	31	75 868
77	CA Marne et Chantereine	4	75 644
02	CA de Saint-Quentin	20	75 418
11	CA du Carcassonnais	23	74 777
60	CA de la Région de Compiègne	15	74 064
44	CA de la Presqu'île de Guérande - Atlantique (CAP Atlantique)	15	73 857
60	CA Creilloise	4	73 645
01	CA de Bourg-en-Bresse	15	73 580
47	CA d'Agen	12	72 099
31	CA du Muretain	14	71 869
08	CA de Charleville-Mézières Cœur d'Ardenne	9	70 836
82	CA du Pays de Montauban et des Trois Rivières	8	70 570
42	CA le Grand Roanne	6	70 440
971	CA du Nord Basse Terre	5	70 062
13	CA du Pays de Martigues	3	70 009
38	CA du Pays Viennois	18	69 378
84	CA Ventoux Comtat Venaissin	25	69 124
57	CA du Val de Fensch	10	68 947
58	CA de Nevers	11	68 818
34	CA Hérault Méditerranée	19	68 484
24	CA Périgourdine	13	68 104
06	CA de la Riviera Française	10	68 070
29	CA Morlaix-Communauté	28	67 769
31	CA Sicoval	36	67 270
62	CA de Saint-Omer	19	66 254
51	CA de Châlons-en-Champagne	13	66 216
78	CA des deux Rives de la Seinee	6	65 585
89	CA de l'Auxerrois	19	65 246
49	CA Saumur Loire Développement	32	64 901
35	CA Vitré communauté	36	64 859
91	CA de Seine-Essonne	5	64 478
71	CA du Mâconnais - Val de Saône	26	63 993
94	CA de la Vallée de la Marne	2	63 724
59	CA de Cambrai	24	63 439
03	CA Montluçonnaise	10	62 745
33	CA du Bassin d'Arcachon Sud - Pôle Atlantique	4	62 460
27	CA Seine - Eure	29	61 286
43	CA du Puy-en-Velay	28	60 716
27	CA des Portes de l'Eure	41	60 180
45	CA Montargoise et des Rives du Loings	10	59 463
91	CA Les Lacs de l'Essonne	2	59 376
17	CA du Pays Rochefortais	18	58 361
92	CA Cœur de Seine	3	57 613
77	CA Brie Francilienne	2	57 465
2B	CA de Bastia	5	57 067
15	CA du Bassin d'Aurillac	24	56 691
28	CA Dreux Agglomération	19	56 205
77	CA de Marne et Gondoire	15	56 084
22	CA Lannion - Trégor - Agglomération	20	56 013
86	CA du Pays Châtelleraudais	12	56 009
03	CA de Moulins	26	55 853
12	CA du Grand Rodez	8	55 765
40	CA du Grand Dax	20	55 160
73	CA du Lac du Bourget	18	55 088
47	CA Val de Garonne Agglomération	33	54 982
39	CA du Grand Dôle	41	54 616
93	CA de Clichy-sous-Bois - Montfermeil	2	53 974
40	CA le Marsan Agglomération	18	53 856
21	CA Beaune, Côte et Sud - Communauté Beaune-Chagny-Nolay	54	53 631
76	CA de la Région Dieppoise	16	53 491
02	CA du Soissonais	28	53 241
26	CA du Pays de Romans	21	53 233
57	CA de Sarreguemines Confluences	26	53 160
91	CA les Portes de l'Essonne	3	52 821
26	CA Montélimar-Sésame	15	51 668
69	CA de Villefranche-sur-Saône	4	50 437
88	CA d'Épinal Golbey	2	43 194
32	CA du Grand Auch Agglomération	15	32 022
50	CA Saint-Lô Agglomération	11	31 568
61	CA du Pays de Flers	14	28 996
	Total	**3 290**	**23 379 003**

Source : DGCL - Insee, Recensement de la population

(1) Population totale en vigueur en 2011 (millésimée 2008)

2-8 Les communes par taille

Définitions

- **La commune** est la plus petite subdivision administrative française mais c'est aussi la plus ancienne, puisqu'elle a succédé aux villes et paroisses du Moyen-Âge. Elle a été instituée en 1789 avant de connaître un début d'autonomie avec la loi du 5 avril 1884, véritable charte communale.
- **La population totale** d'une commune est égale à la somme de la population municipale et de la population comptée à part de la commune.
- **La population municipale** comprend les personnes ayant leur résidence habituelle (au sens du décret) sur le territoire de la commune, dans un logement ou une communauté, les personnes détenues dans les établissements pénitentiaires de la commune, les personnes sans-abri recensées sur le territoire de la commune et les personnes résidant habituellement dans une habitation mobile recensée sur le territoire de la commune.

Le concept de **population comptée à part** est défini par le décret n° 2003-485 publié au Journal officiel du 8 juin 2003, relatif au recensement de la population. La population comptée à part comprend certaines personnes dont la résidence habituelle (au sens du décret) est dans une autre commune mais qui ont conservé une résidence sur le territoire de la commune :
1. Les mineurs dont la résidence familiale est dans une autre commune mais qui résident, du fait de leurs études, dans la commune, **2.** Les personnes ayant une résidence familiale sur le territoire de la commune et résidant dans une communauté d'une autre commune, dès lors que la communauté relève de l'une des catégories suivantes : - services de moyen ou de long séjour des établissements publics ou privés de santé, établissements sociaux de moyen ou de long séjour, maisons de retraite, foyers et résidences sociales ; - communautés religieuses ; - casernes ou établissements militaires, **3.** Les personnes majeures âgées de moins de 25 ans ayant leur résidence familiale sur le territoire de la commune et qui résident dans une autre commune pour leurs études, **4.** Les personnes sans domicile fixe rattachées à la commune au sens de la loi du 3 janvier 1969 et non recensées dans la commune.

Présentation

Les 36 680 communes françaises sont de taille très diverse : 926 communes ont moins de 50 habitants, 934 comptent 10 000 habitants et plus, et Paris, la plus peuplée, plus de deux millions. La plupart des communes sont de petite taille : près d'une commune sur deux compte moins de 400 habitants et environ une sur quatre moins de 200 habitants.

Les petites communes sont les plus nombreuses, mais elles ne regroupent qu'une faible partie de la population. Les 27 198 communes de moins de 1 000 habitants, représentant 74 % des communes, ne comptabilisent pourtant que 15 % de la population, quasiment autant que les 41 communes de plus de 100 000 habitants.

Les communes des DOM sont en moyenne beaucoup plus peuplées que celles de métropole : 16 300 habitants en moyenne (de 10 000 en Guyane à 33 700 à la Réunion) contre 1 700 en métropole.

Entre 1999 et 2008, la population augmente dans trois communes sur quatre. Plus que la taille de la commune, c'est sa localisation sur le territoire national ou sa « fonction » (ville-centre, banlieue, couronne périurbaine, rural éloigné) qui joue sur son dynamisme démographique. De nombreuses communes franchissent des seuils importants, le plus souvent à la hausse : 877 communes passent la barre des 1 000 habitants (et 62 à la baisse) ; 243 celle des 3 500 (29 à la baisse) ; 54 celle des 10 000 (15 à la baisse) ; 4 celle des 100 000.

Pour en savoir plus

Les données figurant dans ce chapitre sont établies par l'Insee.
Les données détaillées sont disponibles sur le site de l'Insee : www.insee.fr

Population municipale en vigueur en 2011 *(millésimée 2008)*

Répartition des communes par taille

(en nombre de communes)

Strates démographiques	Métropole	DOM
0 à 49	926	0
50 à 99	2 682	1
100 à 199	6 047	1
200 à 299	4 696	0
300 à 399	3 410	0
400 à 499	2 472	1
500 à 699	3 697	0
700 à 999	3 262	3
1 000 à 1 499	2 912	4
1 500 à 1 999	1 542	7
2 000 à 2 499	969	2
2 500 à 2 999	649	2
3 000 à 3 499	509	3
3 500 à 3 999	360	6
4 000 à 4 999	504	6
5 000 à 5 999	360	7
6 000 à 8 999	577	19
9 000 à 9 999	108	2
10 000 à 19 999	471	21
20 000 à 29 999	173	12
30 000 à 49 999	127	6
50 000 à 79 999	62	6
80 000 à 99 999	14	1
100 000 à 199 999	28	2
200 000 à 299 999	6	0
300 000 et plus	5	0
Total	**36 568**	**112**

Source : Insee, Recensement de la population

Répartition de la population selon la taille des communes

(en nombre d'habitants)

Strates démographiques	Métropole	DOM
0 à 49	31 935	0
50 à 99	203 934	84
100 à 199	892 674	158
200 à 299	1 157 922	0
300 à 399	1 180 837	0
400 à 499	1 105 661	476
500 à 699	2 185 384	0
700 à 999	2 721 852	2 458
1 000 à 1 499	3 548 206	5 074
1 500 à 1 999	2 663 584	11 971
2 000 à 2 499	2 160 688	4 099
2 500 à 2 999	1 775 383	5 497
3 000 à 3 499	1 644 652	9 729
3 500 à 3 999	1 346 327	22 889
4 000 à 4 999	2 242 637	27 817
5 000 à 5 999	1 962 145	38 787
6 000 à 8 999	4 199 623	145 572
9 000 à 9 999	1 026 704	18 469
10 000 à 19 999	6 529 888	314 099
20 000 à 29 999	4 231 894	301 710
30 000 à 49 999	4 863 790	212 999
50 000 à 79 999	3 688 241	368 859
80 000 à 99 999	1 227 792	89 000
100 000 à 199 999	3 744 387	247 246
200 000 à 299 999	1 476 732	0
300 000 et plus	4 322 091	0
Total	**62 134 963**	**1 826 993**

Source : Insee, Recensement de la population

2-9 Les communes par région

Définitions

▶ **La commune** est la plus petite subdivision administrative française mais c'est aussi la plus ancienne, puisqu'elle a succédé aux villes et paroisses du Moyen Âge. Elle a été instituée en 1789 avant de connaître un début d'autonomie avec la loi du 5 avril 1884, véritable charte communale.

▶ **La région**, structure la plus récente de l'administration locale française, est devenue collectivité territoriale à la suite des lois de décentralisation, le 16 mars 1986, date de la première élection des conseillers régionaux au suffrage universel ; son existence a été consacrée par la révision constitutionnelle du 28 mars 2003.

▶ **La population municipale** comprend les personnes ayant leur résidence habituelle (au sens du décret) sur le territoire de la commune, dans un logement ou une communauté, les personnes détenues dans les établissements pénitentiaires de la commune, les personnes sans-abri recensées sur le territoire de la commune et les personnes résidant habituellement dans une habitation mobile recensée sur le territoire de la commune.
La population municipale d'un ensemble de communes est égale à la somme des populations municipales des communes qui le composent.

Présentation

La région Midi-Pyrénées comptabilise le plus grand nombre de communes avec 3 020 communes. Suivent les régions Rhône-Alpes avec 2 879 communes, puis Lorraine avec 2 339 communes et Aquitaine avec 2 296 communes.
8 régions comptent moins de 1 000 communes : les régions d'outre-mer, la Corse, le Limousin, l'Alsace, la Provence-Alpes-Côte d'Azur.
La région Poitou-Charentes et la Corse sont les seules régions métropolitaines à ne compter aucune commune de plus de 100 000 habitants.
Sur les 26 régions, 21 comptent plus de 90 % de leurs communes ayant moins de 10 000 habitants, cette proportion dépasse même les 97 % dans 19 régions. La proportion de communes ayant moins de 10 000 habitants est inférieure à 85 % dans 5 régions : l'Île-de-France et les 4 régions d'outre-mer.
Près des deux tiers des communes ont moins de 700 habitants : les régions de l'ouest (Bretagne et Pays de la Loire) ont la particularité d'en compter beaucoup moins, respectivement 29 % et 38 %.

Pour en savoir plus

Les données figurant dans ce chapitre sont issues du recensement de la population réalisé par l'Insee.
Les données détaillées sont disponibles sur le site de l'Insee : www.insee.fr

Population municipale en vigueur en 2011 *(millésimée 2008)*

Répartition des communes par taille au 1er janvier 2011

	Moins de 10 000 hab.	de 10 000 à moins de 20 000	de 20 000 à moins de 50 000	de 50 000 à moins de 100 000	100 000 et plus	Total
Alsace	880	18	3	1	2	904
Aquitaine	2 254	20	18	3	1	2 296
Auvergne	1 294	12	3	0	1	1 310
Bourgogne	2 032	6	7	0	1	2 046
Bretagne	1 235	25	5	3	2	1 270
Centre	1 807	24	8	1	2	1 842
Champagne-Ardenne	1 935	7	4	2	1	1 949
Corse	357	1	1	1	0	360
Franche-Comté	1 774	7	2	1	1	1 785
Île-de-France	1 034	86	122	34	5	1 281
Languedoc-Roussillon	1 518	16	6	2	3	1 545
Limousin	740	5	1	0	1	747
Lorraine	2 309	20	8	0	2	2 339
Midi-Pyrénées	2 988	19	11	1	1	3 020
Nord-Pas-de-Calais	1 470	46	23	5	1	1 545
Basse-Normandie	1 798	9	4	0	1	1 812
Haute-Normandie	1 395	15	7	1	2	1 420
Pays de la Loire	1 463	26	6	4	3	1 502
Picardie	2 270	13	5	2	1	2 291
Poitou-Charentes	1 450	5	4	3	0	1 462
Provence-Alpes-Côte d'Azur	879	46	26	8	4	963
Rhône-Alpes	2 800	45	26	4	4	2 879
Guadeloupe	18	8	5	1	0	32
Martinique	22	8	3	1	0	34
Guyane	17	1	3	1	0	22
La Réunion	7	4	7	4	2	24
France	**35 746**	**492**	**318**	**83**	**41**	**36 680**

Source : Insee, Recensement de la population

Répartition des communes de moins de 10 000 habitants par taille au 1er janvier 2011

	Moins de 700 hab.	de 700 à moins de 2 000	de 2 000 à moins de 5 000	de 5 000 à moins de 10 000	Total
Alsace	434	310	108	28	880
Aquitaine	1 531	501	162	60	2 254
Auvergne	943	255	76	20	1 294
Bourgogne	1 616	322	62	32	2 032
Bretagne	360	527	273	75	1 235
Centre	1 144	477	150	36	1 807
Champagne-Ardenne	1 666	203	52	14	1 935
Corse	294	41	18	4	357
Franche-Comté	1 497	207	58	12	1 774
Île-de-France	436	314	172	112	1 034
Languedoc-Roussillon	984	311	159	64	1 518
Limousin	541	156	34	9	740
Lorraine	1 787	322	146	54	2 309
Midi-Pyrénées	2 389	409	143	47	2 988
Nord-Pas-de-Calais	793	367	205	105	1 470
Basse-Normandie	1 389	307	86	16	1 798
Haute-Normandie	978	317	71	29	1 395
Pays de la Loire	560	552	289	62	1 463
Picardie	1 787	358	105	20	2 270
Poitou-Charentes	913	387	115	35	1 450
Provence-Alpes-Côte d'Azur	469	173	158	79	879
Rhône-Alpes	1 420	900	349	132	2 800
Guadeloupe	0	4	4	10	18
Martinique	0	7	7	8	22
Guyane	3	3	7	4	17
La Réunion	0	0	1	6	7
France	**23 933**	**7 730**	**3 010**	**1 073**	**35 746**

Source : Insee, Recensement de la population

2-10 Les villes de plus de 100 000 habitants

Définitions

- **La notion d'unité urbaine** repose sur la continuité de l'habitat : est considérée comme telle un ensemble d'une ou plusieurs communes présentant une continuité du tissu bâti (pas de coupure de plus de 200 mètres entre deux constructions) et comptant au moins 2 000 habitants. La condition est que chaque commune de l'unité urbaine possède plus de la moitié de sa population dans cette zone bâtie.
- **Une aire urbaine** est un ensemble de communes, d'un seul tenant et sans enclave, constitué par un pôle urbain, et par des communes rurales ou unités urbaines (couronne périurbaine) dont au moins 40 % de la population résidente ayant un emploi travaille dans le pôle ou dans des communes attirées par celui-ci.
- **Le pôle urbain** est une unité urbaine offrant au moins 5 000 emplois et qui n'est pas située dans la couronne périurbaine d'un autre pôle urbain.
- **La couronne périurbaine** recouvre l'ensemble des communes de l'aire urbaine à l'exclusion de son pôle urbain.
- **L'espace urbain** est l'ensemble, d'un seul tenant, de plusieurs aires urbaines et des communes multipolarisées qui s'y rattachent. Dans l'espace urbain multipolaire, les aires urbaines sont soit contiguës, soit reliées entre elles par des communes multipolarisées. Cet espace forme un ensemble connexe. Un espace urbain composé d'une seule aire urbaine est dit monopolaire.
- **La population totale, la population municipale :** cf. 2.4.

Présentation

Parmi les 400 000 habitants supplémentaires chaque année, l'espace urbain en accueille près de 325 000.
Même s'il n'était pas systématique, le modèle dominant de développement urbain des trente dernières années reposait souvent sur un schéma allant du centre vers la périphérie : croissance faible au centre (ou décroissance), accentuée en banlieue, forte à très forte dans le périurbain.
Ce développement sous forme d'ondes concentriques est en mutation : des villes-centres renaissent, certaines banlieues et couronnes périurbaines marquent le pas.
Après une longue stagnation, la croissance de la population des villes-centres reprend : 0,3 % l'an.
Au-delà du cas emblématique de la population de Paris, qui déclinait depuis la première guerre mondiale et qui connaît depuis 1999 une croissance annuelle moyenne de 0,4 %, ce rééquilibrage, sans être général, concerne un grand nombre de pôles urbains. Dans la moitié des cinquante premiers pôles urbains, la ville-centre croît plus vite que la banlieue (six seulement étaient dans ce cas entre 1982 et 1999).
Parmi les douze pôles urbains de plus de 400 000 habitants en 2008, les sept premiers accélèrent leur croissance globale, et en particulier celle de leur ville-centre. Dans les pôles urbains de moindre importance d'une moitié nord de la France la population décroît.

Par ailleurs, la progression des couronnes périurbaines reste forte, au même rythme depuis 1982 : 1,2 % à 1,3 %. Mais elle ralentit significativement depuis 1999 autour des cinq plus grands pôles urbains : Paris, Marseille - Aix-en-Provence, Lyon, Grenoble et Nice.

Enfin, des axes urbains de densification de la population émergent, essentiellement le long des infrastructures de transport ou de certaines frontières (Luxembourg, Pays basque) : Narbonne - Montpellier - Nîmes, Nice - Toulon - Marseille, Toulouse - Montauban, sillon alpin Chambéry - Genève, Nantes - Saint-Nazaire - Vannes, Nancy - Metz - Thionville, Bayonne - Pau - Tarbes. Sur la période précédente, la densification était essentiellement concentrique autour des grands pôles urbains.

Pour en savoir plus

Les données figurant dans ce chapitre sont issues du recensement de la population réalisé par l'Insee.
Les données détaillées sont disponibles sur le site de l'Insee : www.insee.fr

Populations totale et municipale en vigueur en 2011 *(millésimée 2008)*

Liste des 41 communes de plus de 100 000 habitants

Rang	Ville (n° du département)	Population totale	Population municipale
1	Paris (75)	2 233 818	2 211 297
2	Marseille (13)	859 543	851 420
3	Lyon (69)	483 181	474 946
4	Toulouse (31)	446 340	439 553
5	Nice (06)	348 556	344 875
6	Nantes (44)	291 504	283 288
7	Strasbourg (67)	276 194	272 116
8	Montpellier (34)	256 344	252 998
9	Bordeaux (33)	239 642	235 891
10	Lille (59)	232 082	225 784
11	Rennes (35)	211 778	206 655
12	Reims (51)	185 541	181 468
13	Le Havre (76)	181 332	178 769
14	Saint-Étienne (42)	175 940	172 696
15	Toulon (83)	169 010	166 733
16	Grenoble (38)	159 307	156 659
17	Dijon (21)	155 460	151 576
18	Angers (49)	152 969	148 405
19	Saint-Denis (974)	145 776	144 238
20	Le Mans (72)	147 739	143 547
21	Aix-en-Provence (13)	146 050	142 743
22	Brest (29)	146 143	142 097
23	Villeurbanne (69)	142 552	141 106
24	Nîmes (30)	143 199	140 267
25	Limoges (87)	142 425	140 138
26	Clermont-Ferrand (63)	142 407	139 006
27	Tours (37)	138 783	135 480
28	Amiens (80)	137 375	134 381
29	Metz (57)	124 961	122 838
30	Besançon (25)	121 671	117 599
31	Perpignan (66)	118 845	116 676
32	Orléans (45)	116 515	113 257
33	Boulogne-Billancourt (92)	113 236	112 233
34	Mulhouse (68)	113 477	111 860
35	Caen (14)	112 790	109 899
36	Rouen (76)	111 805	109 425
37	Nancy (54)	108 172	106 361
38	Saint-Denis (93)	104 867	103 742
39	Argenteuil (95)	104 843	103 250
40	Saint-Paul (974)	104 384	103 008
41	Montreuil (93)	103 002	102 176

Source : Insee, Recensement de la population

2-11 Les syndicats de communes

Définitions

Les syndicats intercommunaux à vocation unique (SIVU) sont des établissements publics de coopération intercommunale. Leur fonctionnement est similaire à celui d'un syndicat intercommunal à vocation multiple (SIVOM) à la différence près qu'un SIVU ne dispose que d'une unique compétence fixée dans ses statuts : c'est un syndicat spécialisé. Historiquement c'est la plus ancienne structure intercommunale puisqu'elle a été créée par la loi du 22 mars 1890 sur les syndicats de communes.

Les syndicats intercommunaux à vocation multiple (SIVOM) sont des établissements publics de coopération intercommunale. Leur objet n'est pas limité à une seule œuvre ou à seul objet d'intérêt intercommunal, mais comprend de multiples compétences. Le SIVOM exerce des responsabilités variées qui lui ont été confiées par les différentes communes. Ces dernières participent étroitement au pilotage du SIVOM. De nos jours, SIVU et SIVOM ne forment qu'une catégorie juridique, celle des syndicats de communes.

Les syndicats mixtes ont été créés par un décret de 1935 pour donner aux collectivités la capacité de s'associer entre elles ou avec des établissements publics. Plusieurs constructions sont possibles : le syndicat mixte fermé qui associe uniquement des communes et leurs groupements, le syndicat mixte ouvert restreint composé de différents échelons de collectivités territoriales, le syndicat mixte ouvert élargi comprenant des établissements publics tels qu'une CCI. Bien que soumis aux règles applicables aux EPCI, les syndicats mixtes ne sont pas au sens propre des EPCI, cette qualité étant réservée aux groupements de communes.

Le pôle métropolitain : Crée par la loi n° 2010-1563 du 16 décembre 2010, le pôle métropolitain regroupe des établissements publics de coopération intercommunale à fiscalité propre formant un ensemble de plus de 300 000 habitants. L'un d'entre eux compte plus de 150 000 habitants. Par dérogation au précédent alinéa, le pôle métropolitain peut regrouper, sur un territoire d'un seul tenant et sans enclave, des établissements publics de coopération intercommunale à fiscalité propre formant un ensemble de plus de 300 000 habitants et comprenant au moins un établissement public de coopération intercommunale de plus de 50 000 habitants limitrophe d'un État étranger.

Groupement de collectivités territoriales : Notion visant les établissements publics de coopération intercommunale, les syndicats mixtes fermés, les syndicats mixtes ouverts restreints, les institutions ou organismes interdépartementaux et les ententes interrégionales.

Présentation

Début 2011, le nombre total de syndicats s'élève à 15 099, ce qui représente 85,3 % du nombre total de groupements de collectivités.

La coopération intercommunale permet aux communes qui se regroupent de gérer en commun des équipements ou des services publics, d'élaborer des projets de développement économique d'aménagement ou d'urbanisme à l'échelle d'un territoire plus vaste que la commune. La forme la plus répandue dont le mode de financement est constitué des contributions budgétaires et/ou fiscalisées communales ou de taxes diverses, comprend les syndicats de communes (SIVU et SIVOM) et les syndicats mixtes.

La poursuite de la couverture intégrale du territoire en intercommunalité à fiscalité propre s'accompagne, dans le même temps, de la réduction du nombre de syndicats de communes. Début 2011, ils sont au nombre de 11 844, en diminution de près de 2,8 % par rapport à 2010 et de 13,2 % par rapport à 2007.

Pour en savoir plus

Les données figurant dans ce chapitre sont issues de la base nationale de l'intercommunalité (BANATIC), alimentée à partir des données intercommunales ASPIC saisies par les préfectures, mise à jour trimestriellement. Les données détaillées sur les syndicats sont disponibles sur le site de la DGCL : www.dgcl.interieur.gouv.fr ou sur le site BANATIC : www.banatic.interieur.gouv.fr

Répartition des syndicats par type

(en nombre de syndicats)

Au 1er janvier	2007	2008	2009*	2010*	2011*
SIVU	12 149	11 921	11 179	10 789	10 473
SIVOM	1 501	1 468	1 445	1 395	1 358
Syndicats mixtes	2 749	2 921	3 064	3 184	3 268
Total	**16 399**	**16 310**	**15 688**	**15 378**	**15 099**

Source : DGCL, BANATIC

* *Depuis 2009, le recensement est effectué au 1er février.*

2-12 Les aires urbaines de plus de 100 000 habitants

Définitions

- **Une aire urbaine** est un ensemble de communes, d'un seul tenant et sans enclave, constitué par un pôle urbain, et par des communes rurales ou unités urbaines (couronne périurbaine) dont au moins 40 % de la population résidente ayant un emploi travaille dans le pôle ou dans des communes attirées par celui-ci.
- **Le pôle urbain** est une unité urbaine offrant au moins 5 000 emplois et qui n'est pas située dans la couronne périurbaine d'un autre pôle urbain.
- **La couronne périurbaine** recouvre l'ensemble des communes de l'aire urbaine à l'exclusion de son pôle urbain.
- **Communes multipolarisées :** communes situées hors des aires urbaines (pôle urbain et couronne périurbaine), dont au moins 40 % de la population résidente ayant un emploi travaille dans plusieurs aires urbaines, sans atteindre ce seuil avec une seule d'entre elles, et qui forment avec elles un ensemble d'un seul tenant.

Présentation

Pour étudier les villes et leur territoire d'influence, l'Insee a défini, en 1997, une nouvelle nomenclature spatiale, le zonage en aires urbaines (ZAU). Le zonage en aires urbaines est construit à partir des unités urbaines et des déplacements domicile-travail pour mesurer l'influence des villes et distinguer l'espace à dominante urbaine de l'espace à dominante rurale. Il permet notamment de prendre en compte le phénomène de périurbanisation en s'appuyant sur l'attractivité en termes d'emploi.

Les aires urbaines constituent des ensembles plus larges que les unités urbaines.

Le recensement de la population de 1999 a permis d'actualiser le zonage en aires urbaines (ZAU), élaboré en 1997. Dans ces nouvelles délimitations, 47,6 millions d'habitants vivent dans une aire urbaine, et 50,9 millions dans l'espace à dominante urbaine. On dénombre 354 aires urbaines en 1999. La poursuite de l'urbanisation de la France métropolitaine se confirme. En effet, les aires urbaines se sont étendues aux communes en forte croissance démographique entre 1990 et 1999. De plus, la population a continué d'augmenter dans les territoires déjà urbains.

Le recensement de population (population millésimée 2008 en vigueur en 2011) permet à nouveau d'actualiser les chiffres de population des aires urbaines, tout en conservant leur découpage communal de 1999.

Les aires urbaines de plus de 100 000 habitants sont passées de 78 en 1999 à 80 en 2011. En 2011, les aires urbaines de Creil, de la Roche-sur-Yon, d'Évreux et d'Agen dépassent les 100 000 habitants, tandis que celles de Nevers et de Forbach passent sous le seuil des 100 000 habitants. Depuis 1999, le classement des 10 aires urbaines les plus peuplées se modifie également : l'aire urbaine de Bordeaux est en 6e position devant l'aire urbaine de Nice.

Pour en savoir plus

Les données figurant dans ce chapitre sont établies par l'Insee.
Les données détaillées sont disponibles sur le site de l'Insee : www.insee.fr

Population municipale en vigueur en 2011 *(millésimée 2008)*

Liste des 80 aires urbaines de plus de 100 000 habitants

N° de l'aire	Nom de l'aire urbaine	Population municipale
001	Paris	11 899 544
002	Lyon	1 771 459
003	Marseille-Aix-en-Provence	1 621 766
004	Lille[(1)]	1 162 872
005	Toulouse	1 131 642
007	Bordeaux	1 014 632
006	Nice	1 000 993
008	Nantes	772 406
009	Strasbourg[(1)]	645 160
010	Toulon	604 257
012	Rennes	585 261
011	Douai-Lens	545 210
014	Grenoble	534 242
013	Rouen	527 172
015	Montpellier	516 360
016	Metz	440 330
018	Clermont-Ferrand	430 525
017	Nancy	417 254
019	Valenciennes[(1)]	400 282
020	Tours	398 221
021	Caen	388 665
022	Orléans	371 122
023	Angers	345 071
024	Dijon	338 102
030	Avignon	317 334
025	Saint-Étienne	315 074
026	Brest	310 330
028	Le Mans	305 949
029	Reims	293 298
027	Le Havre	288 060
035	Perpignan	282 902
031	Mulhouse	280 630
032	Amiens	274 700
033	Béthune	269 620
036	Limoges	266 887
034	Dunkerque	258 210
041	Genève (CH) - Annemasse[(1)]	256 014
038	Nîmes	243 393
037	Besançon	236 968
039	Pau	236 538
040	Bayonne	234 273
042	Poitiers	230 958
043	Annecy	208 566
044	Lorient	193 486
048	La Rochelle	187 262
047	Saint-Nazaire	185 787
045	Montbéliard	180 622
046	Troyes	179 615
049	Valence	176 841
051	Angoulême	162 552
050	Thionville	159 097
053	Chambéry	140 317
058	Béziers	138 142
056	Niort	137 799
063	Vannes	136 314
054	Chalon-sur-Saône	135 272
055	Chartres	133 423
052	Boulogne-sur-Mer	132 945
062	Quimper	129 304
061	Saint-Brieuc	128 710
059	Arras	128 518
057	Calais	126 067
060	Bourges	122 683
067	Colmar	122 576
066	Blois	119 948
064	Cherbourg-Octeville	115 899
065	Maubeuge[(1)]	113 242
068	Tarbes	112 828
080	La Roche-sur-Yon	111 488
075	Laval	110 952
069	Compiègne	110 948
076	Bourg-en-Bresse	109 754
071	Belfort	107 876
082	Agen	104 877
072	Roanne	104 447
077	Beauvais	104 159
070	Charleville-Mézières	104 127
079	Creil	104 029
074	Saint-Quentin	101 680
081	Évreux	101 091
		37 846 929

Source : Insee, Recensement de la population

(1) Aire urbaine internationale, population de la partie située en France.

3 LES FINANCES DES ADMINISTRATIONS PUBLIQUES LOCALES

3-1 Les administrations publiques locales dans les comptes de la Nation

Définition

Administrations publiques locales (APUL) :
En comptabilité nationale, les collectivités locales font partie du sous-secteur « Administrations publiques locales » (APUL). Les comptes des APUL présentent des résultats différents de ceux qui sont obtenus pour les collectivités locales en termes de comptabilité publique (comptes de gestion ou comptes administratifs).
Le champ des APUL est plus large que celui des collectivités locales : hormis les collectivités territoriales (régions, départements, communes), leurs groupements à fiscalité propre (communautés urbaines, communautés d'agglomération et de communes), certains autres groupements (SIVU, SIVOM...) et leurs services annexes, figurent également les organismes divers d'administration locale (chambres d'agriculture, de commerce, des métiers, organismes consulaires, sociétés d'aménagement foncier et d'équipement rural (SAFER) ...).
À l'inverse, certains syndicats de communes et les régies sont désormais exclus du champ des APUL lorsque le produit de leurs ventes couvre plus de 50 % de leurs coûts de production.
L'établissement du compte des APUL s'effectue par consolidation des mouvements entre collectivités et neutralise ainsi les flux financiers entre collectivités.

Les Organismes divers d'administration centrale (ODAC) sont des organismes auxquels l'État a confié une compétence fonctionnelle, spécialisée, au niveau national. Ils possèdent des statuts juridiques variés - souvent des établissements publics à caractère administratif (EPA), en général dotés de la **personnalité juridique**.
Il existe plus de 700 organismes de ce type, certains présents dans chaque académie (universités) ou chaque **région**.

Valeur ajoutée :
Solde du compte de production. Elle est égale à la valeur de la production diminuée de la **consommation intermédiaire**. La valeur ajoutée des services non marchands est égale à la différence entre le coût total de production de ces services et la valeur des consommations intermédiaires.

Base 2000
Dans le vocabulaire de la comptabilité nationale française (CNF), on appelle base un ensemble fixé de concepts, nomenclatures, et méthodes. Depuis sa création dans les années cinquante, la CNF a connu plusieurs changements de base : 1956, 1959, 1962, 1971, 1980, 1995 et maintenant 2000, traditionnellement repérés par l'année de référence des séries à prix constants.

Présentation

Le volume total des dépenses des APUL s'élève en 2009 à 228,5 Md€ contre 221,9 Md€ en 2008. Ce montant représente un peu plus de 21 % des dépenses des administrations publiques françaises, en croissance régulière depuis quelques années et le transfert de nouvelles compétences aux départements et aux régions.

En termes de comptabilité nationale, la valeur ajoutée créée par les APUL est de 100,3 Md€ en 2009 contre 311,9 Md€ pour l'ensemble des administrations publiques en France.
Les investissements des APUL atteignent 44,5 Md€, soit 70 % de ceux de l'ensemble des administrations publiques.

Pour en savoir plus

Les données figurant dans ce chapitre sont établies selon les concepts de la comptabilité nationale par l'Insee.

Les données détaillées sont disponibles sur le site de l'Insee : www.insee.fr thème « comptes nationaux - finances publiques », rubrique « secteurs institutionnels ».

Les comptes nationaux d'une année n sont évalués en trois étapes : une fois en avril n+1 (compte dit provisoire), une deuxième fois en n+2 (compte dit semi-définitif), une troisième fois en n+3 (compte définitif). En outre, des premiers résultats sur les administrations publiques, associés à la notification à la Commission européenne, sont publiés mi-mars.

Les comptes des secteurs institutionnels sont mis à jour chaque année au 15 mai.

Les administrations publiques locales dans les comptes de la Nation *(en milliards d'euros)*

		2005	2006	2007	2008	2009
Valeur ajoutée	Valeur ajoutée brute des APUL	80,3	84,3	90,5	96,8	100,3
	Produit intérieur brut de la Nation	1 726,1	1 806,4	1 895,3	1 948,5	1 907,1
Formation brute de capital fixe	FBCF des APUL	39,4	41,6	45,3	45,7	44,5
	FBCF de la Nation	344,4	373,2	406,8	424,6	392,1

Source : Insee, Comptes nationaux - Base 2000

Les comptes des administrations publiques en 2009 *(en milliards d'euros)*

	État	Organismes divers d'administration centrale	Administrations publiques locales	Administrations de sécurité sociale	Ensemble des administrations publiques*
Dépenses totales	404,6	74,1	228,5	494,1	1 067,7
Rémunérations des salariés	117,3	12,9	66,7	57,4	254,3
Prestations sociales en espèce et en nature	62,0	18,7	19,8	378,5	479,0
Formation brute de capital fixe	8,2	4,1	44,5	7,0	63,9
Production marchande (eau assainisement transport, hors services concédés)	8,2	5,6	28,9	13,6	54,0
Valeur ajoutée brute	126,8	17,0	100,3	67,8	311,9

Source : Insee, Comptes nationaux - Base 2000

** Les transferts au sein d'un même secteur sont consolidés si bien que la somme des dépenses des sous-secteurs est supérieure à celle des APU dans leur ensemble.*

Les dépenses des administrations publiques locales parmi les dépenses publiques
(en milliards d'euros)

	2005	2006	2007	2008	2009
État	387,8	380	377,5	388,4	404,6
Organismes divers d'administration centrale	61,0	62,5	71,3	67,7	74,1
Administrations publiques locales	188,2	198,4	212,8	221,9	228,5
*dont collectivités locales**	*171,5*	*182,0*	*195,7*	*203,8*	*210,0*
Administrations de sécurité sociale	423,0	435,4	458,6	472,7	494,1
Ensemble des administrations publiques**	**921,5**	**952,1**	**991,3**	**1 028,9**	**1 067,7**

Source : Insee, Comptes nationaux - Base 2000

** Le sous-secteur des collectivités locales au sens de la comptabilité nationale correspond aux collectivités territoriales (communes, départements, régions), aux groupements à fiscalité propre, aux syndicats intercommunaux et à certains établissements publics locaux.*

*** Les transferts au sein d'un même secteur sont consolidés si bien que la somme des dépenses des sous-secteurs est supérieure à celle des APU dans leur ensemble.*

Poids des dépenses des administrations publiques locales dans les administrations publiques

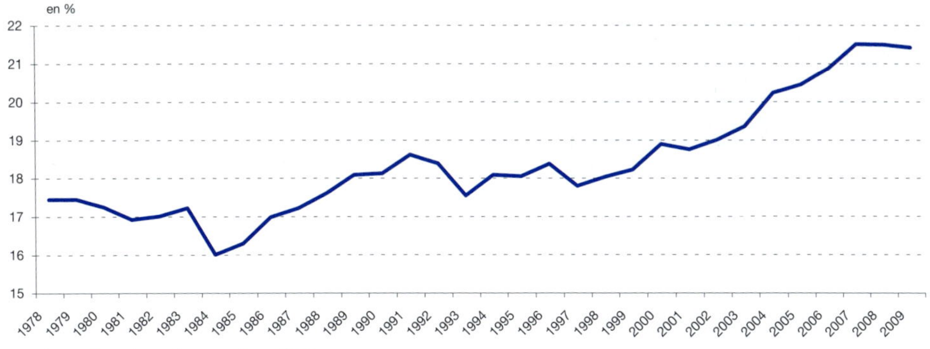

Source : Insee, Comptes nationaux - Base 2000

3-2 Les comptes des administrations publiques locales

Définitions

Administrations publiques locales (APUL)
En comptabilité nationale, les collectivités locales font partie du sous-secteur « Administrations publiques locales » (APUL). Les comptes des APUL présentent des résultats différents de ceux qui sont obtenus pour les collectivités locales en termes de comptabilité publique (comptes de gestion ou comptes administratifs).
Le champ des APUL est plus large que celui des collectivités locales : hormis les collectivités territoriales (régions, départements, communes), leurs groupements à fiscalité propre (communautés urbaines, communautés d'agglomération et de communes), certains autres groupements (SIVU, SIVOM...) et leurs services annexes, figurent également les organismes divers d'administration locale (chambres d'agriculture, de commerce, des métiers, organismes consulaires, sociétés d'aménagement foncier et d'équipement rural (SAFER) ...).
À l'inverse, certains syndicats de communes et les régies sont désormais exclus du champ des APUL lorsque le produit de leurs ventes couvre plus de 50 % de leurs coûts de production.
L'établissement du compte des APUL s'effectue par consolidation des mouvements entre collectivités et neutralise ainsi les flux financiers entre collectivités.

Formation brute de capital fixe (FBCF)
La FBCF ou formation brute de capital fixe est l'**agrégat** qui mesure en **comptabilité nationale l'investissement** (acquisitions moins cessions) en **capital fixe** des différents **agents économiques** résidents.

Présentation

En 2009, les administrations publiques locales ont dépensé au total 229 Md€, composés pour 114,2 Md€ de dépenses de fonctionnement, pour 62,7 Md€ de transferts versés, pour 47,5 Md€ de dépenses d'investissement (formation brute de capital fixe) et pour 4,1 Md€ d'intérêts versés.
Parallèlement, elles ont perçu 223 Md€ de recettes dont 117 Md€ de recettes fiscales.
Au total, dans les termes de la comptabilité nationale, les administrations publiques locales dégagent en 2009 un besoin de financement de 5,6 Md€ en 2009, contre 8,7 Md€ en 2008 et 7,6 Md€ en 2007.

Pour en savoir plus

Les données figurant dans ce chapitre sont établies selon les concepts de la comptabilité nationale par l'Insee.

Les données détaillées sont disponibles sur le site de l'Insee : www.insee.fr thème « comptes nationaux - finances publiques », rubrique « secteurs institutionnels ».

Chapitre 10, séries longues «10.2 les comptes des administrations publiques locales »

Les comptes des administrations publiques locales

(en milliards d'euros)

	2005	2006	2007	2008	2009
Dépenses					
Fonctionnement	**93,89**	**98,78**	**103,52**	**108,76**	**114,17**
Consommations intermédiaires *(P2)*	38,91	41,02	41,40	42,63	45,17
Rémunération des salariés *(D1)*	53,09	55,82	60,07	63,87	66,67
Autres[(1)]	1,89	1,94	2,05	2,25	2,32
Intérêts versés *(D41)*	**3,08**	**3,75**	**4,93**	**6,14**	**4,14**
Prestations et autres transferts	**49,70**	**52,11**	**56,36**	**58,91**	**62,66**
Prestations sociales autres que transferts sociaux en nature	8,78	9,08	9,20	9,11	9,92
Transferts sociaux en nature de biens et services marchands (D63 en partie)	6,95	7,57	8,58	9,37	9,87
Subventions versées *(D3)*	11,90	12,57	13,75	14,30	14,98
Autres transferts courants *(D7)*	17,58	18,63	19,63	20,79	21,84
Transferts en capital *(D9 hors D91 et D995)*	4,49	4,27	5,21	5,35	6,06
Acquisitions d'actifs	**41,50**	**43,87**	**47,98**	**48,14**	**47,54**
Formation brute de capital fixe *(P5 en partie)*	39,45	41,64	45,32	45,68	44,51
Acquisitions nettes de cessions d'actifs incorporels non produits	2,05	2,23	2,66	2,46	3,04
Total des dépenses	**188,16**	**198,50**	**212,78**	**221,94**	**228,52**
Recettes					
Recettes de production	**29,60**	**32,21**	**33,25**	**34,44**	**35,23**
Production des branches marchandes et ventes résiduelles *(P11)*	24,85	26,25	27,30	28,31	28,94
Autres[(2)]	4,75	5,96	5,95	5,96	5,96
Revenus de la propriété[(3)]	**2,11**	**2,18**	**2,23**	**2,30**	**2,30**
Impôts et cotisations sociales	**95,62**	**101,99**	**108,41**	**113,43**	**116,99**
Impôts sur la production et les importations *(D2)*	69,34	73,16	79,27	81,41	83,05
Impôts courants sur le revenu, le patrimoine *(D5)*	12,89	13,81	14,47	15,17	16,25
Impôts en capital *(D91)*	-	-	-	-	-
Transferts de recettes fiscales *(D733)*	12,88	14,52	14,13	16,27	17,07
Cotisations sociales *(D61)*	0,51	0,50	0,54	0,58	0,62
Impôts et cotisations dus non recouvrables nets *(D995)*	-	-	-	-	-
Autres transferts *(D7 et D9 hors D91)*	**57,57**	**59,02**	**61,25**	**62,97**	**68,16**
Autres transferts courants *(D7 hors D733)*	49,37	50,66	52,32	53,05	54,46
Transferts en capital *(D9 hors D91)*	8,20	8,36	8,93	9,92	13,70
Total des recettes	**184,90**	**195,40**	**205,15**	**213,24**	**222,91**
Capacité (+) ou besoin (-) de financement	**- 3,27**	**- 3,10**	**- 7,63**	**- 8,70**	**- 5,61**

Source : Insee, Comptes nationaux - Base 2000

Les intitulés sont suivis de la codification correspondante dans la nomenclature SEC95.

(1) : autres impôts sur la production (D29) et revenus de la propriété autres que les intérêts (D4 hors D41).

(2) : production pour emploi final propre (P12) et paiements partiels des ménages (partie de P13).

(3) : intérêts reçus (D41) et autres revenus de la propriété (D4 hors D41).

3-3 La formation brute de capital fixe des administrations publiques

Définitions

- **Formation brute de capital fixe (FBCF)**
La FBCF ou formation brute de capital fixe est **l'agrégat** qui mesure en **comptabilité nationale l'investissement** (acquisitions moins cessions) en **capital fixe** des différents **agents économiques** résidents.

Présentation

En 2009, la formation brute de capital fixe (FBCF) des APUL s'élève à 44,5 Md€,ce qui représente 70 % de l'investissement public. Ce ratio a sensiblement augmenté au cours des dernières années, passant de 68 % au début des années 1990 à 70 % en l'an 2000 et autour de 72 % entre 2006 et 2008.

La FBCF des APUL, après une croissance forte supérieure à 5 % de 2003 à 2007, stagne en 2008, année d'élections municipales. La conjonction du cycle électoral communal avec la crise financière explique la rupture de 2008 avec la hausse observée les années précédentes. Et en 2009, la FBCF est en retrait par rapport à 2008 (- 2,6 %).

Pour en savoir plus

Les données figurant dans ce chapitre sont établies selon les concepts de la comptabilité nationale par l'Insee.

Les données détaillées sont disponibles sur le site de l'Insee : www.insee.fr

Formation brute de capital fixe des administrations publiques

(en milliards d'euros)

	2005	2006	2007	2008	2009
Administrations publiques centrales	11,4	10,1	10,4	10,9	12,4
· dont État	7,6	6,7	6,6	6,8	8,2
· dont Organismes divers d'administration centrale	3,8	3,3	3,7	3,8	4,1
Administrations publiques locales	39,4	41,6	45,3	45,7	44,5
Administrations de sécurité sociale	6,1	6,1	6,5	6,8	7,0
Total des administrations publiques	**57,0**	**57,8**	**62,2**	**63,4**	**63,9**

Source : Insee, Comptes nationaux - Base 2000

Évolution de la formation brute de capital fixe des administrations publiques

(en %)

	2005	2006	2007	2008	2009
Administrations publiques centrales	11,8	- 11,5	3,5	4,7	13,5
· dont État	9,0	- 11,6	- 1,8	3,6	20,4
· dont Organismes divers d'administration centrale	17,9	- 11,2	14,1	6,6	1,9
Administrations publiques locales	9,6	5,5	8,9	0,8	- 2,6
Administrations de sécurité sociale	13,3	- 0,4	6,0	5,0	2,3
Total des administrations publiques	**10,4**	**1,5**	**7,6**	**1,9**	**0,7**

Source : Insee, Comptes nationaux - Base 2000

Poids des investissements des administrations publiques locales dans l'investissement public

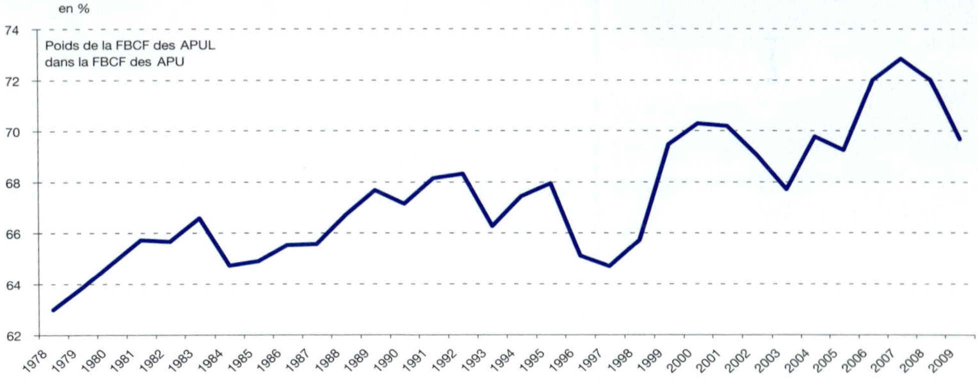

Source : Insee, Comptes nationaux - Base 2000

Taux de croissance annuel de la formation brute de capital fixe des administrations publiques locales

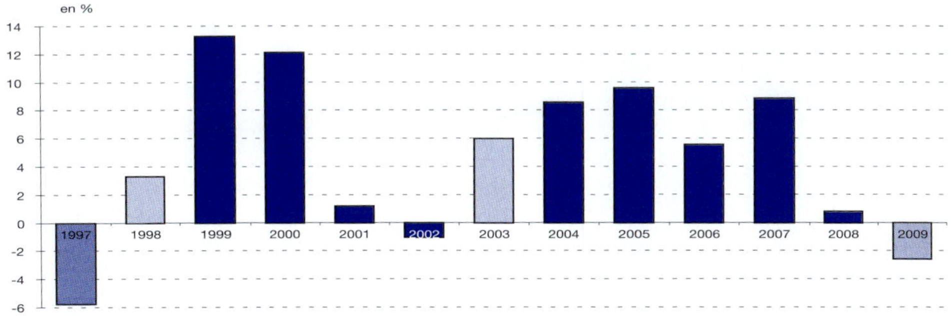

Source : Insee, Comptes nationaux - Base 2000

3-4 Les prélèvements obligatoires

Définitions

- **Les prélèvements obligatoires** sont les impôts et **cotisations sociales effectives** reçues par les **administrations publiques** et les institutions européennes. Les prélèvements obligatoires sont nets des montants dus non recouvrables.
- **Les prélèvements obligatoires revenant aux APUL** comportent :

  Les impôts directement perçus par les APUL à savoir l'ensemble des impôts traditionnels directs et indirects, à l'exception de certains impôts considérés comme un service à l'instar de la taxe pour l'enlèvement des ordures ménagères.

  Les transferts de recettes fiscales en provenance de l'État correspondant aux compensations de dégrèvements et exonérations au titre des quatre taxes directes locales. Les compensations intégrées aux dotations de l'État (compensation de la part salaire de la taxe professionnelle) ne font pas partie des prélèvements obligatoires.

- **Les Organismes divers d'administration centrale (ODAC)** sont des organismes auxquels l'État a confié une compétence fonctionnelle, spécialisée, au niveau national. Ils possèdent des statuts juridiques variés - souvent des établissements publics à caractère administratif (EPA), en général dotés de la **personnalité juridique**.

  Il existe plus de 700 organismes de ce type, certains présents dans chaque académie (universités) ou chaque région.

Présentation

Les prélèvements obligatoires perçus par les APUL se sont élevés en 2009 à 116,4 Md€, soit 6,1 % du PIB. Le taux de prélèvement obligatoire en pourcentage du PIB est ainsi passé de 5,5 % à 6,1 % entre 2005 et 2009. Le taux national de prélèvement obligatoire s'élève à 41,6 %, en baisse de 1,3 point sur un an.

Depuis le début de la décentralisation, la part des prélèvements obligatoires à destination des APUL est passée de 9,8 % à 14,7 %. Dans le même temps la part des impôts à destination finale de la sécurité sociale et de l'ensemble des cotisations sociales a fortement augmenté, de 45,2 % de l'ensemble des prélèvements en 1984 à 55,3 % en 2009.

Pour en savoir plus

Les données figurant dans ce chapitre sont établies selon les concepts de la comptabilité nationale par l'Insee.

Les données détaillées sont disponibles sur le site de l'Insee : www.insee.fr thème « comptes nationaux - finances publiques », rubrique « secteurs institutionnels ».

Chapitre 5 : la fiscalité locale

Prélèvements obligatoires (en milliards d'euros)

	2005	2006	2007	2008	2009
Ensemble des prélèvements obligatoires	**753,0**	**793,5**	**818,1**	**835,7**	**793,0**
Impôts	**474,2**	**499,9**	**514,2**	**524,0**	**480,7**
dont perçus par :					
l'État	271,8	264,5	263,4	258,6	211,4
les organismes divers d'administration centrale	14,7	16,0	18,2	18,0	22,6
les administrations publiques locales	95,1	101,5	107,9	112,8	116,4
la sécurité sociale	88,1	113,2	119,9	129,5	126,4
l'Union européenne	4,5	4,7	4,9	5,1	3,8
Cotisations sociales	**278,9**	**293,6**	**303,9**	**311,7**	**312,3**
dont perçues par :					
l'État	5,8	8,7	8,2	7,8	7,7
la sécurité sociale	273,1	284,8	295,7	303,9	304,6

Source : Insee, Comptes nationaux - Base 2000
Impôts après transferts de l'État aux administrations publiques locales, à la sécurité sociale et à l'Union européenne

Taux de prélèvement obligatoire (en % du PIB)

	2005	2006	2007	2008	2009
Ensemble des prélèvements obligatoires	**43,5**	**43,9**	**43,2**	**42,9**	**41,6**
Impôts	**27,4**	**27,6**	**26,9**	**26,6**	**25,0**
dont perçus par :					
l'État	15,7	14,6	13,9	13,3	11,1
les organismes divers d'administration centrale	0,9	0,9	1,0	0,9	1,2
les administrations publiques locales	5,5	5,6	5,7	5,8	6,1
la sécurité sociale	5,1	6,3	6,3	6,6	6,6
l'Union européenne	0,3	0,3	0,3	0,3	0,2
Cotisations sociales	**16,1**	**16,2**	**16,0**	**16,0**	**16,4**
dont perçues par :					
l'État	0,3	0,5	0,4	0,4	0,4
la sécurité sociale	15,8	15,8	15,6	15,6	16,0

Source : Insee, Comptes nationaux - Base 2000
Impôts après transferts de l'État aux administrations publiques locales, à la sécurité sociale et à l'Union européenne

Structure des prélèvements obligatoires (après transferts de l'État)

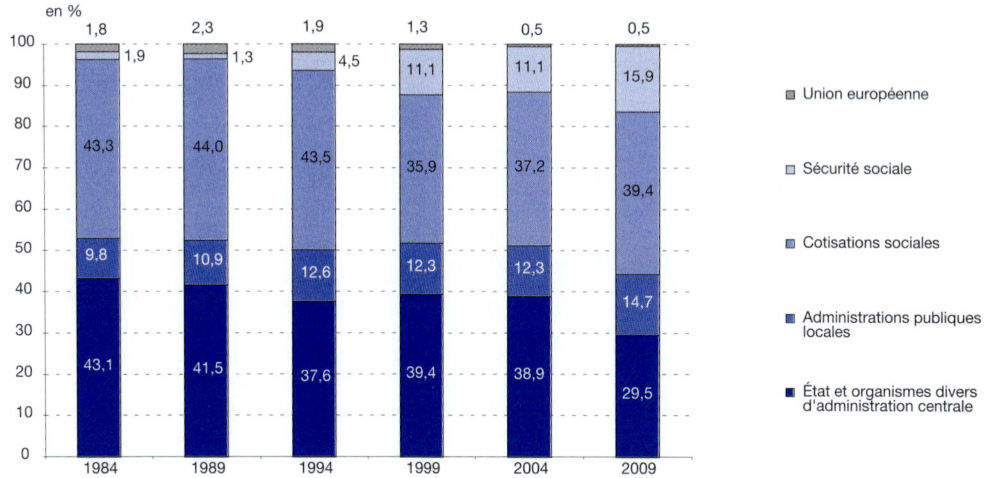

Source : Insee, Comptes nationaux - Base 2000

3-5 Les capacités ou besoins de financement des administrations publiques

Définitions

Capacité ou besoin de financement
La capacité de financement est le solde du compte de capital. Ce solde est égal à l'épargne brute augmentée des transferts nets en capital et diminuée des dépenses faites à des fins d'accumulation : **FBCF**, variations de stocks, acquisitions nettes d'objets de valeur et d'actifs non financiers non produits (terrains, actifs incorporels...). On parle de capacité de financement si le solde est positif, et de besoin de financement s'il est négatif.

Produit intérieur brut aux prix du marché / PIB
Agrégat représentant le résultat final de l'activité de production des unités productrices résidentes. Il peut se définir de trois manières :
- le PIB est égal à la somme des valeurs ajoutées brutes des différents **secteurs institutionnels** ou des différentes branches d'activité, augmentée des impôts moins les **subventions** sur les produits (lesquels ne sont pas affectés aux secteurs et aux branches d'activité) ;
- le PIB est égal à la somme des emplois finals intérieurs de **biens** et de **services** (consommation finale effective, formation brute de capital fixe, variations de stocks), plus les exportations, moins les importations ;
- le PIB est égal à la somme des emplois des comptes d'exploitation des secteurs institutionnels : **rémunération des salariés, impôts sur la production et les importations** moins les subventions, excédent brut d'exploitation et **revenu mixte**.

Les Organismes divers d'administration centrale (ODAC) sont des organismes auxquels l'État a confié une compétence fonctionnelle, spécialisée, au niveau national. Ils possèdent des statuts juridiques variés - souvent des établissements publics à caractère administratif (EPA), en général dotés de la **personnalité juridique**.
Il existe plus de 700 organismes de ce type, certains présents dans chaque académie (universités) ou chaque **région**.

Présentation

Les administrations publiques locales affichent un besoin de financement en 2009 pour la sixième année consécutive, après avoir dégagé des capacités de financement entre 1996 et 2003.
En 2009, le besoin de financement des administrations publiques locales s'élève à 5,6 Md€, en retrait par rapport à 2007 et 2008. Ce besoin de financement représente 0,3 % du PIB contre 0,4 % en 2008.
Le besoin de financement de l'ensemble des administrations publiques s'est considérablement accru, passant de 3,3 % du PIB en 2008 à 7,6 % du PIB en 2009.

Pour en savoir plus

Les données figurant dans ce chapitre sont établies selon les concepts de la comptabilité nationale par l'Insee.

Les données détaillées sont disponibles sur le site de l'Insee : www.insee.fr thème « comptes nationaux - finances publiques », rubrique « secteurs institutionnels ».

Capacités (+) ou besoins (-) de financement des administrations publiques *(en milliards d'euros)*

	2005	2006	2007	2008	2009
Ensemble des administrations publiques	**- 51,1**	**- 41,9**	**- 51,8**	**- 65,0**	**- 144,4**
Administration centrale	- 45,1	- 37,8	- 43,9	- 55,4	- 114,8
État	- 52,2	- 48,3	- 39,7	- 55,5	- 117,6
ODAC	+ 7,1	+ 10,5	- 4,2	0,1	2,8
Administrations publiques locales	- 3,3	- 3,1	- 7,6	- 8,7	- 5,6
Administrations de sécurité sociale	- 2,8	- 1,0	- 0,2	- 0,9	- 24,0

Source : Insee, Comptes nationaux - Base 2000

Capacités (+) ou besoins (-) de financement des administrations publiques *(en % du PIB)*

	2005	2006	2007	2008	2009
Ensemble des administrations publiques	**- 3,0**	**- 2,3**	**- 2,7**	**- 3,3**	**- 7,6**
Administration centrale	- 2,6	- 2,1	- 2,3	- 2,8	- 6,0
État	- 3,0	- 2,7	- 2,1	- 2,8	- 6,2
ODAC	+ 0,4	+ 0,6	- 0,2	+ 0,0	+ 0,1
Administrations publiques locales	- 0,2	- 0,2	- 0,4	- 0,4	- 0,3
Administrations de sécurité sociale	- 0,2	- 0,1	- 0,0	- 0,0	- 1,3

Source : Insee, Comptes nationaux - Base 2000

Capacités (+) ou besoins (-) de financement des administrations publiques

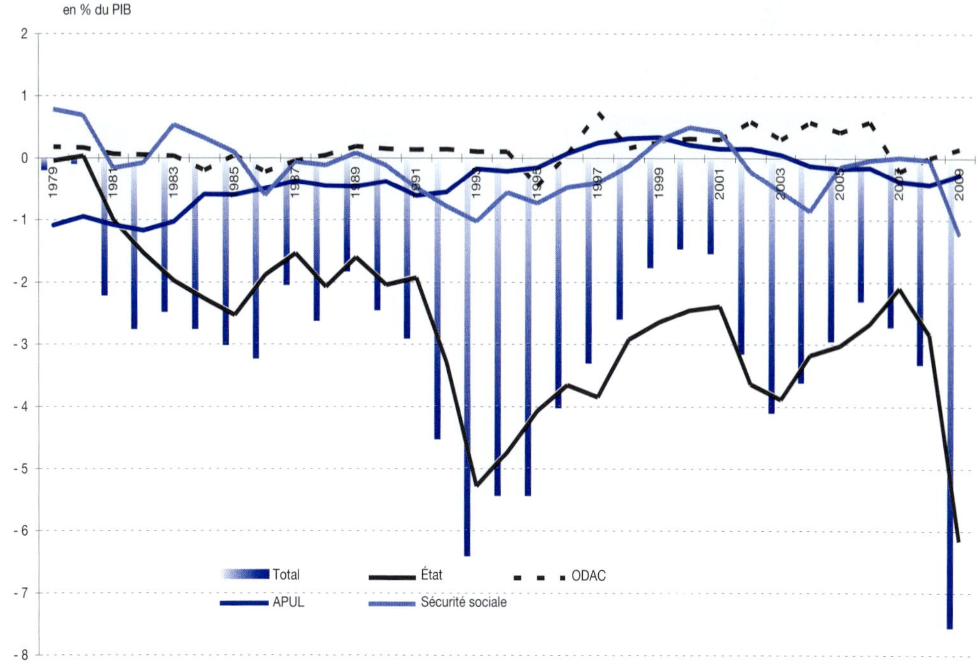

Source : Insee, Comptes nationaux - Base 2000

4 LES FINANCES DES COLLECTIVITÉS LOCALES

4-1 Les comptes des collectivités territoriales et de leurs groupements à fiscalité propre

Définitions

- **Épargne brute** : excédent des recettes réelles de fonctionnement sur les dépenses réelles de fonctionnement.
- **Épargne de gestion courante** : excédent des recettes réelles de fonctionnement sur les dépenses réelles de fonctionnement, hors intérêts de la dette. C'est aussi l'épargne brute à laquelle on ajoute les charges d'intérêts.
- **Épargne nette** : épargne de gestion après déduction de l'annuité de dette, hors réaménagement de dette refinancé par emprunt, ou épargne brute diminuée des remboursements de la dette.
L'épargne nette mesure l'épargne disponible pour l'équipement brut, après financement des remboursements de dette.
- **Fonds de roulement** : excédent global de clôture, ainsi on peut comprendre la variation du fonds de roulement comme la variation de la trésorerie.

Présentation

En 2009, les collectivités territoriales et leurs groupements à fiscalité propre ont dépensé 213,8 Md€. Les dépenses de fonctionnement s'élèvent à 145,2 Md€ et celles d'investissement à 68,6 Md€. Les recettes de fonctionnement s'élèvent à 171,7 Md€, et sont donc supérieures aux dépenses de fonctionnement hors intérêts de dette de 30,6 Md€.

L'**épargne de gestion** ainsi dégagée permet de financer les intérêts de la dette à hauteur de 4,1 Md€ et un excédent de fonctionnement (**épargne brute**) de 26,5 Md€. Une fois les remboursements de dette payés, il reste une **épargne nette** de 14,5 Md€ destinée à l'autofinancement des opérations d'investissement (subventions versées ou dépenses d'équipement). En 2009, l'effort d'équipement des collectivités locales s'élève à 39,8 Md€ à un niveau comparable à 2008.

Pour en savoir plus

Publications relatives à l'exploitation des comptes administratifs sur le site de la DGCL : www.dgcl.interieur.gouv.fr rubrique « statistiques » « budgets locaux en chiffres ».

L'exploitation des comptes de gestion par la direction générale des finances publiques (DGFiP) www.colloc.bercy.gouv.fr

Les comptes des collectivités territoriales et de leurs groupements à fiscalité propre

(en milliards d'euros)

	2005	2006	2007	2008	2009*
Dépenses totales	**177,78**	**187,57**	**200,59**	**206,82**	**213,80**
Recettes totales	**178,38**	**189,19**	**199,34**	**206,03**	**213,45**
Dépenses totales hors remboursements de dette	**165,39**	**175,17**	**189,43**	**195,24**	**201,77**
Recettes totales hors emprunts	**162,10**	**172,06**	**181,73**	**186,93**	**195,46**
Dépenses réelles de fonctionnement	118,25	124,23	132,58	140,01	145,17
Dépenses de fonctionnement hors intérêts de dette (1)	**114,69**	**120,39**	**128,41**	**135,42**	**141,10**
* achats et charges externes	24,13	25,51	26,20	27,46	28,01
* personnel	38,57	40,70	44,51	48,04	50,21
* transferts versés	47,73	50,11	53,43	55,47	58,05
Recettes de fonctionnement (2)	**145,46**	**153,35**	**161,40**	**167,03**	**171,70**
* impôts et taxes	82,35	87,93	93,72	98,13	102,55
- dont impôts locaux	57,17	60,57	62,42	65,08	70,48
- autres impôts indirects et taxes	25,18	27,36	31,30	33,05	32,07
- dont TEOM	*4,32*	*4,60*	*4,81*	*5,03*	*5,40*
* Concours de l'État	45,44	46,90	47,70	48,14	48,50
- dont DGF	36,69	37,98	38,93	39,68	40,45
- dont péréquation et compensations fiscales	5,10	6,00	5,90	5,50	5,15
Épargne de gestion (3) = (2) - (1)	**30,76**	**32,96**	**32,98**	**31,62**	**30,60**
* intérêts de dette (4)	3,56	3,84	4,17	4,59	4,07
Épargne brute (5) = (3) - (4)	**27,20**	**29,12**	**28,81**	**27,02**	**26,53**
Épargne nette = (5) - remboursement	14,82	16,73	17,66	15,44	14,50
Dépenses réelles d'investissement	59,52	63,33	68,01	66,81	68,63
Dépenses d'investissement hors remboursements (6)	**47,14**	**50,94**	**56,85**	**55,23**	**56,60**
* subventions d'équipement	9,71	11,36	12,97	13,08	13,83
* équipement	34,24	37,37	41,32	40,02	39,78
Recettes réelles d'investissement	32,93	35,84	37,94	39,00	41,75
Recettes d'investissement hors emprunts (7)	**16,65**	**18,71**	**20,33**	**19,90**	**23,76**
* dotations et subventions	12,50	13,48	14,65	15,08	19,23
Besoin ou capacité de financement = (5) + (7) - (6)	**- 3,29**	**- 3,11**	**- 7,70**	**- 8,31**	**- 6,31**
Variation du fonds de roulement	**0,61**	**1,62**	**- 1,25**	**- 0,79**	**- 0,35**
Évolution de la dette					
* remboursements de dette	12,38	12,40	11,16	11,58	12,03
* emprunts	16,28	17,13	17,61	19,10	17,99
* emprunts - remboursements de dette	3,90	4,73	6,46	7,52	5,96
Dette totale au 31/12	*93,70*	*98,58*	*104,86*	*112,38*	*118,34*
Ratios :					
Épargne de gestion / recettes de fonctionnement	21,1 %	21,5 %	20,4 %	18,9 %	17,8 %
Épargne brute / recettes de fonctionnement	18,7 %	19,0 %	17,9 %	16,2 %	15,4 %
Dette au 31/12 / recettes de fonctionnement	64,4 %	64,3 %	65,0 %	67,3 %	68,9 %
Annuité / recettes de fonctionnement	11,0 %	10,6 %	9,5 %	9,7 %	9,4 %

Source : DGFiP

Les montants sont calculés hors gestion active de la dette.

** Premiers résultats DGFiP*

Attention : les données figurant ici ne correspondent pas à la somme des opérations « ensemble des collectivités territoriales » et « groupements à fiscalité propre » : les reversements fiscaux des groupements vers les communes ont été neutralisés en dépenses.

Données non consolidées entre les différents niveaux de collectivités sauf reversements fiscaux.

4-2 Les comptes des communes

Définitions

- **Épargne brute** : excédent des recettes réelles de fonctionnement sur les dépenses réelles de fonctionnement.
- **Épargne de gestion courante** : excédent des recettes réelles de fonctionnement sur les dépenses réelles de fonctionnement, hors intérêts de la dette. C'est aussi l'épargne brute à laquelle on ajoute les charges d'intérêts.
- **Épargne nette** : épargne de gestion après déduction de l'annuité de dette, hors réaménagement de dette refinancé par emprunt, ou épargne brute diminuée des remboursements de la dette.
L'épargne nette mesure l'épargne disponible pour l'équipement brut, après financement des remboursements de dette.
- **Fonds de roulement** : excédent global de clôture, ainsi on peut comprendre la variation du fonds de roulement comme la variation de la trésorerie.

Présentation

En 2009, les communes ont dépensé 91,8 Md€. Les dépenses de fonctionnement s'élèvent à 62,0 Md€ et celles d'investissement à 29,7 Md€. Les recettes de fonctionnement s'élèvent à 72,7 Md€, et sont donc supérieures aux dépenses de fonctionnement hors intérêts de dette de 12,9 Md€.

L'épargne de gestion ainsi dégagée permet de financer les intérêts de la dette à hauteur de 2,2 Md€ et de dégager un excédent de fonctionnement (**épargne brute**) de 10,7 Md€. Une fois les remboursements de dette payés, il reste une **épargne nette** de 5,1 Md€ destinée à l'autofinancement des opérations d'investissement (subventions versées ou dépenses d'équipement). En 2009, l'effort d'équipement des communes s'élève à 21,4 Md€, stable sur un an.

Pour en savoir plus

Publications relatives à l'exploitation des comptes administratifs sur le site de la DGCL : www.dgcl.interieur.gouv.fr rubrique « statistiques » « budgets locaux en chiffres ».

L'exploitation des comptes de gestion par la direction générale des finances publiques (DGFiP) sur www.colloc.bercy.gouv.fr

« Les dépenses des communes de moins de 500 habitants en 2008 », Bis n°74, Juillet 2010, en ligne sur le site de la DGCL (www.dgcl.interieur.gouv.fr).

Les comptes des communes

(en milliards d'euros)

	2005	2006	2007	2008	2009*
Dépenses totales	**82,90**	**85,80**	**90,08**	**89,86**	**91,75**
Recettes totales	**83,60**	**86,70**	**89,58**	**89,93**	**92,49**
Dépenses totales hors remboursements de dette	**76,19**	**79,73**	**84,16**	**84,23**	**86,15**
Recettes totales hors emprunts	**75,93**	**79,20**	**81,62**	**82,27**	**85,74**
Dépenses réelles de fonctionnement	55,53	56,92	58,86	60,95	62,03
Dépenses de fonctionnement hors intérêts de dette (1)	**53,43**	**54,70**	**56,55**	**58,51**	**59,82**
* achats et charges externes	13,98	14,53	14,87	15,50	15,77
* personnel	27,90	29,00	30,38	31,25	31,92
* transferts versés	8,98	8,71	8,87	9,22	9,34
Recettes de fonctionnement (2)	**66,10**	**67,84**	**69,66**	**70,98**	**72,71**
* impôts et taxes	37,82	39,06	40,13	41,15	42,56
- dont impôts locaux**	24,68	25,42	26,14	27,14	28,85
- dont fiscalité reversée	7,65	7,88	8,02	8,07	8,19
- autres impôts indirects et taxes	5,49	5,76	5,96	5,94	5,52
*- dont TEOM****	*1,39*	*1,36*	*1,35*	*1,36*	*1,33*
* Concours de l'État	18,48	18,93	19,21	19,34	19,38
- dont DGF	15,34	15,69	16,03	16,32	16,55
- dont péréquation et compensations fiscales	2,74	3,24	3,18	3,02	2,83
Épargne de gestion (3) = (2) - (1)	**12,67**	**13,15**	**13,11**	**12,48**	**12,89**
* intérêts de dette (4)	2,11	2,23	2,31	2,44	2,21
Épargne brute (5) = (3) - (4)	**10,56**	**10,92**	**10,80**	**10,04**	**10,68**
Épargne nette (5) - remboursement	3,85	4,85	4,89	4,41	5,08
Dépenses réelles d'investissement	27,37	28,88	31,22	28,92	29,72
Dépenses d'investissement hors remboursements (6)	**20,65**	**22,81**	**25,31**	**23,29**	**24,12**
* subventions d'équipement	-	0,86	1,16	1,08	1,37
* équipement	19,40	20,92	23,10	21,39	21,39
Recettes réelles d'investissement	17,50	18,86	19,92	18,95	19,78
Recettes d'investissement hors emprunts (7)	**9,84**	**11,35**	**11,96**	**11,29**	**13,03**
* dotations et subventions	7,22	7,71	8,19	8,14	10,21
Besoin ou capacité de financement = (5) + (7) - (6)	**- 0,25**	**- 0,53**	**- 2,55**	**- 1,97**	**- 0,41**
Variation du fonds de roulement	**+ 0,70**	**+ 0,90**	**- 0,50**	**+ 0,07**	**+ 0,74**
Évolution de la dette :					
* remboursements de dette	6,71	6,07	5,92	5,63	5,60
* emprunts	7,66	7,51	7,97	7,66	6,75
* emprunts - remboursements de dette	+ 0,95	+ 1,44	+ 2,05	+ 2,03	+ 1,15
Dette totale au 31/12	*52,04*	*53,43*	*55,46*	*57,49*	*58,64*
Ratios :					
Épargne de gestion / recettes de fonctionnement	19,2 %	19,4 %	18,8 %	17,6 %	17,7 %
Épargne brute / recettes de fonctionnement	16,0 %	16,1 %	15,5 %	14,1 %	14,7 %
Dette au 31/12 / recettes de fonctionnement	78,7 %	78,7 %	79,6 %	81,0 %	80,7 %
Annuité / recettes de fonctionnement	13,3 %	12,2 %	11,8 %	11,4 %	10,7 %

Source : DGFiP

Les montants sont calculés hors gestion active de la dette.

** Premiers résultats DGFiP*

*** Les impôts locaux ne comprennent pas les reversements de TP des EPCI vers les communes.*

**** Les montants de la TEOM ne prennent pas en compte les montants des groupements à fiscalité propre.*

4-3 Les comptes des groupements de communes à fiscalité propre

Définitions

- **Épargne brute** : excédent des recettes réelles de fonctionnement sur les dépenses réelles de fonctionnement.
- **Épargne de gestion courante** : excédent des recettes réelles de fonctionnement sur les dépenses réelles de fonctionnement, hors intérêts de la dette. C'est aussi l'épargne brute à laquelle on ajoute les charges d'intérêts
- **Épargne nette** : épargne de gestion après déduction de l'annuité de dette, hors réaménagement de dette refinancé par emprunt, ou épargne brute diminuée des remboursements de la dette.
L'épargne nette mesure l'épargne disponible pour l'équipement brut, après financement des remboursements de dette.
- **Fonds de roulement** : excédent global de clôture, ainsi on peut comprendre la variation du fonds de roulement comme la variation de la trésorerie.

Présentation

En 2009, les groupements de communes à fiscalité propre ont dépensé 34,1 Md€. Les dépenses de fonctionnement s'élèvent à 24,6 Md€ et celles d'investissement à 9,5 Md€. Les recettes de fonctionnement atteignent 28,7 Md€, et sont donc supérieures aux dépenses de fonctionnement hors intérêts de dette de 4,6 Md€.
L'épargne de gestion ainsi dégagée permet de financer les intérêts de la dette à hauteur de 0,6 Md€ et de dégager un excédent de fonctionnement (**épargne brute**) de 4,0 Md€. Une fois les remboursements de dette payés, il reste une **épargne nette** de 2,5 Md€ destinée à l'autofinancement des opérations d'investissement (subventions versées ou dépenses d'équipement). En 2009, l'effort d'équipement des groupements de communes à fiscalité propre s'élève à 6,0 Md€, en baisse depuis 2 ans (6,5 Md€ en 2007 ; 6,3 Md€ en 2008).
Les volumes budgétaires des groupements de communes à fiscalité propre tiennent compte des reversements fiscaux effectués par les groupements (notamment à taxe professionnelle unique) à leurs communes membres. Ces reversements s'élèvent à 8,4 Md€ en 2009.

Pour en savoir plus

Publications relatives à l'exploitation des comptes administratifs sur le site de la DGCL : www.dgcl.interieur.gouv.fr rubrique « statistiques » « budgets locaux en chiffres ».

L'exploitation des comptes de gestion par la direction générale des finances publiques (DGFiP) sur www.colloc.bercy.gouv.fr

« Les dépenses du secteur communal en 2008 : des inégalités entre communes réduites par l'intercommunalité », Bis n°73, Juillet 2010, en ligne sur le site de la DGCL (www.dgcl.interieur.gouv.fr).

Les comptes des groupements de communes à fiscalité propre

(en milliards d'euros)

	2005	2006	2007	2008	2009*
Dépenses totales	**29,18**	**30,02**	**32,50**	**33,35**	**34,06**
Recettes totales	**28,93**	**30,32**	**32,45**	**33,45**	**34,59**
Dépenses totales hors remboursements de dette	**27,75**	**28,58**	**30,96**	**31,77**	**32,52**
Recettes totales hors emprunts	**26,45**	**27,58**	**29,47**	**30,59**	**32,11**
Dépenses réelles de fonctionnement	21,10	21,67	22,72	23,67	24,60
Dépenses de fonctionnement hors intérêts de dette (1)	**20,67**	**21,17**	**22,14**	**23,00**	**24,01**
* achats et charges externes	4,07	4,41	4,58	4,87	5,07
* reversements fiscaux	8,12	8,33	8,40	8,44	8,40
* personnel	3,50	3,85	4,20	4,51	4,94
* transferts versés	4,11	3,81	4,05	4,24	4,57
Recettes de fonctionnement (2)	**24,10**	**25,07**	**26,19**	**27,20**	**28,65**
* impôts et taxes	14,89	15,73	16,42	17,15	18,51
- dont impôts locaux	11,58	12,31	12,84	13,40	14,46
- autres impôts indirects et taxes	3,32	3,42	3,57	3,75	4,05
- dont TEOM	*2,93*	*3,24*	*3,46*	*3,67*	*4,06*
* Concours de l'État	6,52	6,79	7,01	7,10	7,16
- dont DGF	5,56	5,86	6,09	6,24	6,41
- dont péréquation et compensations fiscales	0,92	0,93	0,92	0,86	0,75
Épargne de gestion (3) = (2) - (1)	**3,43**	**3,90**	**4,05**	**4,20**	**4,64**
* intérêts de dette (4)	0,43	0,50	0,59	0,67	0,60
Épargne brute (5) = (3) - (4)	**3,00**	**3,40**	**3,47**	**3,53**	**4,04**
Épargne nette (5) - remboursement	1,58	1,97	1,93	1,95	2,50
Dépenses réelles d'investissement	8,08	8,34	9,78	9,68	9,45
Dépenses d'investissement hors remboursements (6)	**6,65**	**6,91**	**8,24**	**8,10**	**7,91**
* subventions d'équipement	0,60	0,77	1,08	1,09	1,20
* équipement	4,96	5,59	6,45	6,32	5,97
Recettes réelles d'investissement	4,83	5,25	6,26	6,25	5,94
Recettes d'investissement hors emprunts (7)	**2,35**	**2,51**	**3,28**	**3,39**	**3,46**
* dotations et subventions	1,55	1,85	2,21	2,49	2,59
Besoin ou capacité de financement = (5) + (7) - (6)	**- 1,30**	**- 1,00**	**- 1,49**	**- 1,18**	**-0,40**
Variation du fonds de roulement	**- 0,24**	**0,30**	**- 0,05**	**0,11**	**0,54**
Évolution de la dette :					
* remboursements de dette	1,42	1,43	1,54	1,58	1,54
* emprunts	2,48	2,73	2,98	2,86	2,48
* emprunts - remboursements de dette	1,06	1,30	1,44	1,28	0,94
Dette totale au 31/12	*12,25*	*13,56*	*14,84*	*16,13*	*17,07*
Ratios :					
Épargne de gestion / recettes de fonctionnement	14,2 %	15,6 %	15,5 %	15,4 %	16,2 %
Épargne brute / recettes de fonctionnement	12,4 %	13,6 %	13,2 %	13,0 %	14,1 %
Dette au 31/12 / recettes de fonctionnement	50,8 %	54,1 %	56,7 %	59,3 %	59,6 %
Annuité / recettes de fonctionnement	7,7 %	7,7 %	8,1 %	8,3 %	7,5 %

Source : DGFiP

Les montants sont calculés hors gestion active de la dette.

** Premiers résultats DGFiP*

4-4 Les comptes du secteur communal

Définitions

- **Épargne brute** : excédent des recettes réelles de fonctionnement sur les dépenses réelles de fonctionnement.
- **Épargne de gestion courante** : excédent des recettes réelles de fonctionnement sur les dépenses réelles de fonctionnement, hors intérêts de la dette. C'est aussi l'épargne brute à laquelle on ajoute les charges d'intérêts.
- **Épargne nette** : épargne de gestion après déduction de l'annuité de dette, hors réaménagement de dette refinancé par emprunt, ou épargne brute diminuée des remboursements de la dette.
L'épargne nette mesure l'épargne disponible pour l'équipement brut, après financement des remboursements de dette.
- **Fonds de roulement** : excédent global de clôture, ainsi on peut comprendre la variation du fonds de roulement comme la variation de la trésorerie.

Présentation

En 2009, les communes et groupements de communes à fiscalité propre ont dépensé 117,4 Md€. Les dépenses de fonctionnement s'élèvent à 78,2 Md€ et celles d'investissement à 39,2 Md€. Les recettes de fonctionnement atteignent 93,0 Md€, et sont donc supérieures aux dépenses de fonctionnement hors intérêts de dette de 17,5 Md€.

L'**épargne de gestion** ainsi dégagée permet de financer les intérêts de la dette à hauteur de 2,8 Md€ et de dégager un excédent de fonctionnement (**épargne brute**) de 14,7 Md€. Une fois les remboursements de dette payés, il reste une **épargne nette** de 7,6 Md€ destinée à l'autofinancement des opérations d'investissement (subventions versées ou dépenses d'équipement). En 2009, l'effort d'équipement des communes et de leurs groupements à fiscalité propre s'élève à 27,4 Md€, en baisse depuis 2 ans (29,6 Md€ en 2007 puis 27,7 Md€ en 2008).

Pour en savoir plus

Publications relatives à l'exploitation des comptes administratifs sur le site de la DGCL : www.dgcl.interieur.gouv.fr rubrique « statistiques » « budgets locaux en chiffres ».

L'exploitation des comptes de gestion par la direction générale des finances publiques (DGFiP) sur www.colloc.bercy.gouv.fr

Les comptes des communes et de leurs groupements à fiscalité propre

(en milliards d'euros)

	2005	2006	2007	2008	2009*
Dépenses totales	**103,96**	**107,49**	**114,18**	**114,77**	**117,41**
Recettes totales	**104,41**	**108,69**	**113,63**	**114,94**	**118,69**
Dépenses totales hors remboursements de dette	**95,82**	**99,99**	**106,73**	**107,56**	**110,27**
Recettes totales hors emprunts	**94,26**	**98,45**	**102,68**	**104,42**	**109,45**
Dépenses réelles de fonctionnement	68,52	70,27	73,18	76,17	78,24
Dépenses de fonctionnement hors intérêts de dette (1)	**65,98**	**67,54**	**70,28**	**73,07**	**75,43**
* achats et charges externes	18,05	18,94	19,45	20,37	20,83
* personnel	31,40	32,85	34,58	35,76	36,87
* transferts versés	13,09	12,52	12,91	13,47	13,92
Recettes de fonctionnement (2)	**82,08**	**84,59**	**87,45**	**89,74**	**92,96**
* impôts et taxes	45,06	46,91	48,52	50,23	52,88
- dont impôts locaux	36,26	37,73	38,99	40,54	43,31
- autres impôts indirects et taxes	8,80	9,17	9,53	9,69	9,57
- dont TEOM	*4,32*	*4,60*	*4,81*	*5,03*	*5,40*
* Concours de l'État	25,00	25,71	26,22	26,44	26,54
- dont DGF	20,90	21,55	22,12	22,56	22,96
- dont péréquation et compensations fiscales	3,66	4,17	4,07	3,88	3,59
Épargne de gestion (3) = (2) - (1)	**16,10**	**17,05**	**17,17**	**16,67**	**17,53**
* intérêts de dette (4)	2,54	2,73	2,89	3,11	2,81
Épargne brute (5) = (3) - (4)	**13,56**	**14,32**	**14,27**	**13,57**	**14,72**
Épargne nette (5) - remboursement	5,42	6,82	6,82	6,36	7,58
Dépenses réelles d'investissement	35,44	37,22	41,00	38,60	39,17
Dépenses d'investissement hors remboursements (6)	**27,30**	**29,72**	**33,55**	**31,39**	**32,03**
* subventions d'équipement	-	1,63	2,24	2,17	2,57
* équipement	24,36	26,50	29,56	27,72	27,36
Recettes réelles d'investissement	22,33	24,11	26,18	25,20	25,73
Recettes d'investissement hors emprunts (7)	**12,19**	**13,87**	**15,24**	**14,68**	**16,50**
* dotations et subventions	8,77	9,56	10,41	10,63	12,80
Besoin ou capacité de financement = (5) + (7) - (6)	**- 1,56**	**- 1,53**	**- 4,04**	**- 3,14**	**- 0,81**
Variation du fonds de roulement	**0,45**	**1,20**	**- 0,55**	**0,17**	**1,28**
Évolution de la dette :					
* remboursements de dette	8,14	7,50	7,45	7,21	7,14
* emprunts	10,15	10,24	10,94	10,53	9,23
* emprunts - remboursements de dette	2,01	2,74	3,49	3,32	2,09
Dette totale au 31/12	*64,29*	*66,99*	*70,30*	*73,62*	*75,71*
Ratios :					
Épargne de gestion / recettes de fonctionnement	19,6 %	20,2 %	19,6 %	18,6 %	18,9 %
Épargne brute / recettes de fonctionnement	16,5 %	16,9 %	16,3 %	15,1 %	15,8 %
Dette au 31/12 / recettes de fonctionnement	78,3 %	79,2 %	80,4 %	82,0 %	81,4 %
Annuité / recettes de fonctionnement	13,0 %	12,1 %	11,8 %	11,5 %	10,7 %

Source : DGFiP

Les montants sont calculés hors gestion active de la dette.

** Premiers résultats DGFiP*

Attention : les données figurant ici ne correspondent pas à la somme des opérations « communes » et « groupements à fiscalité propre » : les reversements fiscaux des groupements vers les communes ont été neutralisés en dépenses comme en recettes de fonctionnement.

4-5 Les comptes des départements

Définitions

- **Épargne brute :** excédent des recettes réelles de fonctionnement sur les dépenses réelles de fonctionnement.
- **Épargne de gestion courante :** excédent des recettes réelles de fonctionnement sur les dépenses réelles de fonctionnement, hors intérêts de la dette. C'est aussi l'épargne brute à laquelle on ajoute les charges d'intérêts.
- **Épargne nette :** épargne de gestion après déduction de l'annuité de dette, hors réaménagement de dette refinancé par emprunt, ou épargne brute diminuée des remboursements de la dette.
  L'épargne nette mesure l'épargne disponible pour l'équipement brut, après financement des remboursements de dette.
- **Fonds de roulement :** excédent global de clôture, ainsi on peut comprendre la variation du fonds de roulement comme la variation de la trésorerie.

Présentation

En 2009, les départements ont dépensé 68,4 Md€. Les dépenses de fonctionnement s'élèvent à 50,9 Md€ et celles d'investissement à 17,4 Md€. Les recettes de fonctionnement atteignent 57,3 Md€, et sont donc supérieures aux dépenses de fonctionnement hors intérêts de dette de 7,1 Md€.

L'**épargne de gestion** ainsi dégagée permet de financer les intérêts de la dette à hauteur de 0,8 Md€ et de dégager un excédent de fonctionnement (**épargne brute**) de 6,3 Md€. Une fois les remboursements de dette payés, il reste une **épargne nette** de 3,4 Md€ destinée à l'autofinancement des opérations d'investissement (subventions versées ou dépenses d'équipement). En 2009, l'effort d'équipement des départements s'élève à 8,6 Md€ et le montant des subventions versées atteint 5,5 Md€, en légère progression (+ 0,02 Md€ en un an).

Pour en savoir plus

Publications relatives à l'exploitation des comptes administratifs sur le site de la DGCL : www.dgcl.interieur.gouv.fr rubrique « statistiques » « budgets locaux en chiffres ».

L'exploitation des comptes de gestion par la direction générale des finances publiques (DGFiP) sur www.colloc.bercy.gouv.fr

Les comptes des départements

en milliards d'euros

	2005	2006	2007	2008	2009*
Dépenses totales	**54,29**	**58,35**	**62,00**	**65,39**	**68,39**
Recettes totales	**54,42**	**58,93**	**61,39**	**64,91**	**66,99**
Dépenses totales hors remboursements de dette	**51,42**	**55,14**	**59,57**	**62,99**	**65,45**
Recettes totales hors emprunts	**50,39**	**54,79**	**57,55**	**59,63**	**61,87**
Dépenses réelles de fonctionnement	39,29	42,22	45,37	48,63	50,94
Dépenses de fonctionnement hors intérêts de dette (1)	**38,66**	**41,50**	**44,59**	**47,74**	**50,18**
* achats et charges externes	4,91	5,16	5,33	5,65	5,67
* personnel	6,56	7,07	8,33	9,93	10,67
* transferts versés	26,54	28,59	30,16	31,37	33,02
Recettes de fonctionnement (2)	**47,60**	**51,55**	**54,34**	**56,34**	**57,28**
* impôts et taxes	30,83	33,12	35,05	36,57	37,61
- dont impôts locaux	16,91	18,40	19,02	19,92	22,17
- autres impôts indirects et taxes	13,92	14,72	16,03	16,65	15,44
dont droits de mutation	*6,7*	*7,56*	*7,95*	*7,27*	*5,35*
dont TIPP	*5,29*	*5,04*	*4,94*	*5,15*	*5,49*
dont TSCA	*1,04*	*1,17*	*2,09*	*3,05*	*3,13*
* Concours de l'État	12,41	12,93	13,20	13,32	13,44
- dont DGF	10,04	11,32	11,60	11,85	12,08
- dont péréquation et compensations fiscales	1,20	1,60	1,59	1,47	1,37
Épargne de gestion (3) = (2) - (1)	**8,94**	**10,05**	**9,75**	**8,60**	**7,10**
* intérêts de dette (4)	0,63	0,72	0,78	0,89	0,77
Épargne brute (5) = (3) - (4)	**8,31**	**9,33**	**8,97**	**7,71**	**6,34**
Épargne nette (5) - remboursement	5,44	6,13	6,54	5,31	3,40
Dépenses réelles d'investissement	15,00	16,13	16,64	16,76	17,44
Dépenses d'investissement hors remboursements (6)	**12,13**	**12,93**	**14,21**	**14,36**	**14,51**
* subventions d'équipement	4,52	4,81	5,38	5,50	5,52
* équipement	7,30	7,76	8,33	8,54	8,60
Recettes réelles d'investissement	6,81	7,38	7,06	8,57	9,71
Recettes d'investissement hors emprunts (7)	**2,78**	**3,24**	**3,21**	**3,29**	**4,59**
* dotations et subventions	2,31	2,54	2,65	2,80	4,09
Besoin ou capacité de financement = (5) + (7) - (6)	**- 1,03**	**- 0,35**	**- 2,03**	**- 3,36**	**- 3,58**
Variation du fonds de roulement	**+ 0,12**	**+ 0,59**	**- 0,61**	**- 0,49**	**- 1,39**
Dépenses totales collèges	3,35	3,41	3,90	4,28	4,30
Dépenses totales d'aide sociale	25,9	27,75	29,20	30,39	31,50
Évolution de la dette :					
* remboursements de dette	2,88	3,20	2,43	2,40	2,93
* emprunts	4,03	4,14	3,84	5,28	5,12
* emprunts - remboursements de dette	+ 1,15	+ 0,94	+ 1,41	+ 2,87	+ 2,19
Dette totale au 31/12	*19,26*	*20,48*	*21,90*	*24,77*	*26,95*
Ratios :					
Épargne de gestion / recettes de fonctionnement	18,8 %	19,5 %	17,9 %	15,3 %	12,4 %
Épargne brute / recettes de fonctionnement	17,5 %	18,1 %	16,5 %	13,7 %	11,1 %
Dette au 31/12 / recettes de fonctionnement	40,5 %	39,7 %	40,3 %	44,0 %	47,1 %
Annuité / recettes de fonctionnement	7,4 %	7,6 %	5,9 %	5,8 %	6,5 %

Source : DGFiP

Les montants sont calculés hors gestion active de la dette.

** Premiers résultats DGFiP*

4-6 Les comptes des régions

Définitions

- **Épargne brute :** excédent des recettes réelles de fonctionnement sur les dépenses réelles de fonctionnement.
- **Épargne de gestion courante :** excédent des recettes réelles de fonctionnement sur les dépenses réelles de fonctionnement, hors intérêts de la dette. C'est aussi l'épargne brute à laquelle on ajoute les charges d'intérêts.
- **Épargne nette :** épargne de gestion après déduction de l'annuité de dette, hors réaménagement de dette refinancé par emprunt, ou épargne brute diminuée des remboursements de la dette. L'épargne nette mesure l'épargne disponible pour l'équipement brut, après financement des remboursements de dette.
- **Fonds de roulement :** excédent global de clôture, ainsi on peut comprendre la variation du fonds de roulement comme la variation de la trésorerie.

Présentation

En 2009, les régions ont dépensé 28,0 Md€. Les dépenses de fonctionnement s'élèvent à 16,0 Md€ et celles d'investissement à 12,0 Md€. Les recettes de fonctionnement atteignent à 21,5 Md€, et sont donc supérieures aux dépenses de fonctionnement hors intérêts de dette de 6,0 Md€.

L'**épargne de gestion** ainsi dégagée permet de financer les intérêts de la dette à hauteur de 0,5 Md€ et de dégager un excédent de fonctionnement (**épargne brute**) de 5,5 Md€. Une fois les remboursements de dette payés, il reste une **épargne nette** de 3,5 Md€ destinée à l'autofinancement des opérations d'investissement (subventions versées ou dépenses d'équipement). En 2009, l'effort d'équipement des régions s'élève à 3,8 Md€ et le montant des subventions versées atteint 5,7 Md€, en hausse sensible (5,4 Md€ en 2008).

Pour en savoir plus

Publications relatives à l'exploitation des comptes administratifs sur le site de la DGCL : www.dgcl.interieur.gouv.fr rubrique « statistiques » « budgets locaux en chiffres ».

L'exploitation des comptes de gestion par la direction générale des finances publiques (DGFiP) sur www.colloc.bercy.gouv.fr/

Les comptes des régions

en milliards d'euros

	2005	2006	2007	2008	2009*
Dépenses totales	**19,52**	**21,73**	**24,41**	**26,66**	**28,01**
Recettes totales	**19,56**	**21,57**	**24,32**	**26,18**	**27,78**
Dépenses totales hors remboursements de dette	**18,15**	**20,04**	**23,13**	**24,69**	**26,05**
Recettes totales hors emprunts	**17,45**	**18,82**	**21,50**	**22,88**	**24,13**
Dépenses réelles de fonctionnement	10,45	11,75	14,04	15,20	15,99
Dépenses de fonctionnement hors intérêts de dette (1)	**10,06**	**11,35**	**13,54**	**14,61**	**15,49**
* achats et charges externes	1,18	1,41	1,42	1,44	1,50
* personnel	0,62	0,78	1,60	2,35	2,68
* transferts versés	8,10	9,00	10,36	10,64	11,11
Recettes de fonctionnement (2)	**15,78**	**17,22**	**19,61**	**20,95**	**21,46**
* impôts et taxes	6,93	8,35	10,54	11,70	12,27
- dont impôts locaux	4,00	4,43	4,42	4,63	5,00
- autres impôts indirects et taxes	2,93	3,91	6,12	7,08	7,27
dont cartes grises	*1,62*	*1,83*	*1,94*	*1,96*	*1,99*
dont TIPP	*0,43*	*1,02*	*2,83*	*3,64*	*3,83*
* Concours de l'État	8,02	8,26	8,29	8,39	8,51
- dont DGF	4,95	5,11	5,21	5,27	5,12
- dont péréquation et compensations fiscales	0,24	0,23	0,24	0,22	0,20
Épargne de gestion (3) = (2) - (1)	**5,72**	**5,87**	**6,07**	**6,34**	**5,97**
* intérêts de dette (4)	0,39	0,40	0,50	0,60	0,50
Épargne brute (5) = (3) - (4)	**5,33**	**5,47**	**5,57**	**5,75**	**5,47**
Épargne nette (5) - remboursement	3,96	3,78	4,30	3,78	3,51
Dépenses réelles d'investissement	9,08	9,98	10,37	11,46	12,02
Dépenses d'investissement hors remboursements (6)	**7,70**	**8,29**	**9,09**	**9,49**	**10,06**
* subventions d'équipement	4,59	4,93	5,35	5,41	5,74
* équipement	2,58	3,10	3,44	3,76	3,81
Recettes réelles d'investissement	3,78	4,35	4,71	5,23	6,31
Recettes d'investissement hors emprunts (7)	**1,68**	**1,60**	**1,88**	**1,93**	**2,67**
* dotations et subventions	1,43	1,38	1,59	1,65	2,34
Besoin ou capacité de financement = (5) + (7) - (6)	**- 0,70**	**- 1,22**	**- 1,63**	**- 1,81**	**- 1,92**
Variation du fonds de roulement	**+ 0,03**	**- 0,17**	**- 0,09**	**- 0,48**	**- 0,24**
Dépenses pour l'enseignement	3,96	3,89	5,18	6,11	6,55
Dépenses pour la formation professionnelle et l'apprentissage	3,47	3,99	4,88	4,88	4,92
Dépenses pour le transport ferroviaire régional de voyageurs	2,75	2,88	3,16	3,36	3,30
Évolution de la dette :					
* remboursements de dette	1,37	1,69	1,28	1,97	1,96
* emprunts	2,11	2,75	2,83	3,30	3,65
* emprunts - remboursements de dette	+ 0,73	+ 1,06	+ 1,55	+ 1,33	+ 1,69
Dette totale au 31/12	*10,14*	*11,11*	*12,66*	*13,99*	*15,68*
Ratios :					
Épargne de gestion / recettes de fonctionnement	36,3 %	34,1 %	30,9 %	30,3 %	27,8 %
Épargne brute / recettes de fonctionnement	33,8 %	31,8 %	28,4 %	27,4 %	25,5 %
Dette au 31/12 / recettes de fonctionnement	64,3 %	64,5 %	64,5 %	66,8 %	73,0 %
Annuité / recettes de fonctionnement	11,2 %	12,1 %	9,0 %	12,2 %	11,4 %

Source : DGFiP

Les montants sont calculés hors gestion active de la dette.

** Premiers résultats DGFiP*

4-7 Les budgets primitifs

Définitions

Les données présentées sont des évolutions calculées entre deux budgets primitifs. Les montants inscrits aux budgets primitifs sont prévisionnels et on observe souvent un écart important en terme de réalisation de certains investissements et donc de recours à l'emprunt. Ces évolutions inscrites aux budgets primitifs sont donc à interpréter dans les limites de cette approche.

Budget primitif :
Il doit être voté par l'assemblée délibérante avant le 31 mars de l'année à laquelle il se rapporte (loi du 2 mars 1982) et transmis au représentant de l'État dans les 15 jours qui suivent son approbation. Par cet acte, l'ordonnateur est autorisé à effectuer les opérations de recettes et de dépenses inscrites au budget, pour la période qui s'étend du 1er janvier au 31 décembre de l'année civile. Ce principe d'annualité budgétaire comporte quelques aménagements pour tenir compte d'opérations prévues et engagées mais non dénouées en fin d'année.
D'un point de vue comptable, le budget se présente en deux parties, une section de fonctionnement et une section d'investissement. Chacune de ces sections doit être présentée en équilibre, les recettes égalant les dépenses. Schématiquement, la section de fonctionnement retrace toutes les opérations de dépenses et de recettes nécessaires à la gestion courante des services de la collectivité. L'excédent de recettes par rapport aux dépenses, dégagé par la section de fonctionnement, est utilisé en priorité au remboursement du capital emprunté par la collectivité, le surplus constituant de l'autofinancement qui permettra d'abonder le financement des investissements prévus par la collectivité. La section d'investissement présente les programmes d'investissements nouveaux ou en cours. Ces dépenses sont financées par les ressources propres de la collectivité, par des dotations et subventions et éventuellement par l'emprunt. La section d'investissement est par nature celle qui a vocation à modifier ou enrichir le patrimoine de la collectivité.

Présentation

Les budgets votés par les collectivités locales au titre de l'année 2010 prévoient une hausse des dépenses totales de 3,2 %. Cette évolution est relativement faible au regard de celles des dix dernières années, marquées par les transferts de compétences de l'État vers les collectivités. La situation est très différente selon le niveau de collectivité. Dans le bloc communal, les dépenses des groupements continuent à progresser et les marges de manœuvre sont préservées. Les départements doivent faire face à une équation plus complexe avec des dépenses sociales dynamiques face à des recettes qui le sont nettement moins. Les subventions d'équipement et charges à caractère général sont votées en baisse. Dans les régions, l'année 2010 marque le début d'un nouveau mandat de 4 ans pour les exécutifs. Les subventions d'équipement qui représentent la majeure partie des dépenses d'investissement devraient croître de 2,2 %.

Pour en savoir plus

Publications relatives à l'exploitation des budgets primitifs sur le site de la DGCL : www.dgcl.interieur.gouv.fr rubrique « statistiques » chapitre « budgets locaux en chiffres ».

Évolution des volumes budgétaires inscrits aux budgets primitifs des collectivités locales entre 2009 et 2010 *(en %)*

Dépenses totales	3,2	Recettes totales	2,5
Dépenses de fonctionnement	**3,3**	**Recettes de fonctionnement**	**2,8**
Frais de personnel	3,8	Impôts directs (4 taxes)	4,3
Charges à caractère général	2,0	Autres impôts et taxes	1,4
Intérêts de la dette	- 9,5	Concours de l'État	3,6
Dépenses d'investissement	**2,5**	**Recettes d'investissement**	**1,6**
Remboursements de dette	8,6	Dotations et subventions	- 2,5
Dépenses d'équipement brut	1,4	Emprunts	3,0
Subventions versées	- 0,1		

Sources : DGCL, budgets primitifs 2009 et 2010, DGFiP états budgétaires au 30-06-2010

Note : Données non consolidées, sauf reversements fiscaux des groupements à leurs communes membres.

Évolution des volumes budgétaires inscrits aux budgets primitifs des communes entre 2009 et 2010 *(en %)*

Dépenses totales	3,0	Recettes totales	1,7
Dépenses de fonctionnement	**1,9**	**Recettes de fonctionnement**	**2,3**
Frais de personnel	2,8	Impôts directs (4 taxes y c. revers. de TP des group. à TPU)	2,7
Charges à caractère général	1,6	Autres impôts et taxes	3,5
Intérêts de la dette	- 9,0	Concours de l'État (DGF)	0,6
Transferts versés	1,7		
Dépenses d'investissement	**4,5**	**Recettes d'investissement**	**0,2**
Remboursements de dette	3,5	Dotations et subventions	- 4,2
Dépenses d'équipement brut	4,7	Emprunts	3,8
Subventions versées	17,3		

Sources : DGCL, budgets primitifs 2009 et 2010, DGFiP états budgétaires au 30-06-2010

Évolution des volumes budgétaires inscrits aux budgets primitifs des groupements de communes à fiscalité propre entre 2009 et 2010 *(en %)*

Dépenses totales	7,3	Recettes totales	6,6
Dépenses de fonctionnement	**7,2**	**Recettes de fonctionnement**	**8,0**
Frais de personnel	12,3	Impôts directs (4 taxes)	8,7
Charges à caractère général	6,2	Autres impôts et taxes	7,1
Intérêts de la dette	- 11,6	Concours de l'État (DGF)	4,5
Transferts versés	6,0		
Reversements fiscaux :	*8,0*	*Reversements fiscaux :*	*8,0*
Dépenses d'investissement	**7,4**	**Recettes d'investissement**	**2,8**
Remboursements de dette	8,2	Dotations et subventions	1,4
Dépenses d'équipement brut	5,2	Emprunts	3,8
Subventions versées	14,0		

Sources : DGCL, budgets primitifs 2009 et 2010, DGFiP états budgétaires au 30-06-2010

Note : Les évolutions sont calculées sur les montants hors reversements fiscaux, sauf sur les impôts directs et dotations de l'État puisqu'il est difficile de répartir le reversement sur les impôts et la DGF part compensation.

Évolution des volumes budgétaires inscrits aux budgets primitifs des départements entre 2009 et 2010 *(en %)*

Dépenses totales	2,1	Recettes totales	2,0
Dépenses de fonctionnement	**4,0**	**Recettes de fonctionnement**	**2,3**
Frais de personnel	2,6	Impôts directs (4 taxes)	3,9
Charges à caractère général	- 3,9	Autres impôts et taxes	0,7
Intérêts de la dette	- 7,0	Concours de l'État	8,3
Transferts versés	5,6		
Dépenses d'investissement	**- 3,7**	**Recettes d'investissement**	**- 0,1**
Remboursements de dette	11,5	Dotations et subventions	- 7,9
Dépenses d'équipement brut	- 7,4	Emprunts	- 1,8
Subventions versées	- 9,9		

Source : DGCL, budgets primitifs 2009 et 2010

Évolution des volumes budgétaires inscrits aux budgets primitifs des régions entre 2009 et 2010 *(en %)*

Dépenses totales	2,7	Recettes totales	2,6
Dépenses de fonctionnement	**2,8**	**Recettes de fonctionnement**	**1,0**
Frais de personnel	4,4	Impôts directs (4 taxes)	2,1
Charges à caractère général	14,5	Autres impôts et taxes	- 1,7
Intérêts de la dette	- 13,2	Concours de l'État	2,2
Transferts versés	0,4		
Dépenses d'investissement	**2,7**	**Recettes d'investissement**	**7,7**
Remboursements de dette	18,9	Dotations et subventions*	9,9
Dépenses d'équipement brut	- 3,4	Emprunts	7,9
Subventions versées	2,2		

Source : DGCL, budgets primitifs 2009 et 2010

** L'évolution du montant de dotations et subventions des régions est positif car les budgets primitifs 2009 n'intégraient pas les effets du plan de relance et notamment l'avance de FCTVA qui a bénéficié à toutes les régions.*

4-8 Les ratios financiers obligatoires du secteur communal

Définitions

articles L.2313-1 et R.2313-1 du code général des collectivités territoriales (CGCT)

Ratio 1 = Dépenses réelles de fonctionnement (DRF) / population : montant total des dépenses de fonctionnement en mouvement réels. Pour les communes et groupements de communes, ce ratio est calculé hors travaux en régie.

Ratio 2 = Produit des impositions directes / population : recettes du compte 7311, importance des recettes émanant du contribuable levées par la collectivité.

Ratio 3 = Recettes réelles de fonctionnement (RRF) / population : montant total des recettes de fonctionnement en mouvements réels. Ressources dont dispose la collectivité, à comparer aux dépenses de fonctionnement dans leur rythme de croissance.

Ratio 4 = Dépenses d'équipement brut / population : dépenses des comptes 20 (immobilisations incorporelles) sauf 204 (subventions d'équipement versées), 21 (immobilisations corporelles), 23 (immobilisations en cours) et 45 (opérations pour comptes de tiers, si la présentation comptable de la collectivité le permet, ce sont plus précisément les comptes 454 (travaux effectués d'office pour le compte de tiers), 456 (opérations d'investissement sur établissement d'enseignement), 457 (opérations d'investissement sur voirie communale effectuées par un groupement) et 458 (opérations d'investissement sous mandat) qui doivent être pris en compte. Pour les communes et groupements de communes, les travaux en régie sont ajoutés au calcul.

Ratio 5 = Dette / population : capital restant dû au 31 décembre de l'exercice. Endettement d'une collectivité à compléter avec un ratio de capacité de désendettement (dette / épargne brute) et le taux d'endettement (ratio11).

Ratio 6 = DGF / population : recettes du compte 741 en mouvements réels, part de la contribution de l'État au fonctionnement de la collectivité.

Ratio 8bis = Coefficient de mobilisation du potentiel fiscal élargi (CMPF) = Recettes fiscales totales/ potentiel fiscal : les recettes fiscales totales représentent la fiscalité directe encaissée sur le territoire communal c'est-à-dire « commune + groupement à fiscalité propre ». Ce ratio n'est pas calculé pour les communes appartenant à un SAN.

Les ratios 7 à 11 sont définis à la double page suivante (4.9).

Les ratios 1 à 6 sont exprimés en euros par habitant.

Présentation

Les différentes collectivités locales sont présentées selon leurs principaux ratios financiers pour l'année 2009. Les 11 ratios financiers obligatoires pour les communes de plus de 10 000 habitants ont été repris pour les groupements à fiscalité propre.

Pour en savoir plus

Publications relatives à l'exploitation des comptes administratifs sur le site de la DGCL : www.dgcl.interieur.gouv.fr rubrique « statistiques » « budgets locaux en chiffres ».

Principaux ratios financiers des communes par strate de population

(en €/hab. pour les ratios 1 à 6)

Comptes de gestion 2009	Ratio 1	Ratio 2	Ratio 3	Ratio 4	Ratio 5	Ratio 6	Ratio 7	Ratio 8	Ratio 8bis	Ratio 9	Ratio 10	Ratio 11
France métropole hors Paris	932	436	1 122	333	899	242	52,2 %	73,8 %	99,2 %	90,9 %	29,6 %	80,1 %
France métropole y c. Paris	971	450	1 164	342	910	253	51,3 %	69,3 %	95,7 %	90,9 %	29,4 %	78,1 %
Outre-Mer	1 168	306	1 233	330	821	244	62,2 %	81,8 %	98,3 %	101,0 %	26,8 %	66,6 %
France entière	**977**	**446**	**1 166**	**342**	**907**	**253**	**51,6 %**	**69,5 %**	**95,7 %**	**91,2 %**	**29,3 %**	**77,8 %**
Métropole Moins de 3 500 hab.	614	291	801	344	613	192	42,1 %	60,3 %	81,0 %	85,4 %	42,9 %	76,6 %
De 3 500 à moins de 10 000 hab.	898	435	1 094	330	896	219	52,1 %	75,4 %	99,0 %	90,0 %	30,2 %	82,0 %
Moins de 10 000 hab.	709	339	899	339	708	201	46,4 %	64,9 %	88,3 %	87,3 %	37,7 %	78,8 %
Plus de 10 000 hab. hors Paris	1 183	545	1 373	326	1 114	288	56,1 %	87,3 %	108,9 %	93,6 %	23,7 %	81,1 %

Source : DGCL à partir des données DGFiP
Hors gestion active de la dette.

(en €/hab. pour les ratios 1 à 6)

Comptes de gestion 2009	Ratio 1	Ratio 2	Ratio 3	Ratio 4	Ratio 5	Ratio 6	Ratio 7	Ratio 8	Ratio 8bis	Ratio 9	Ratio 10	Ratio 11
Métropole Moins de 500 hab.	574	232	769	380	480	197	33,1 %	53,0 %	73,8 %	82,8 %	49,5 %	62,5 %
De 500 à moins de 2 000 hab.	588	283	766	332	609	186	42,4 %	60,5 %	79,4 %	85,7 %	43,3 %	79,5 %
De 2 000 à moins de 3 500 hab.	697	354	895	337	729	199	47,4 %	67,5 %	87,7 %	86,6 %	37,7 %	81,5 %
De 3 500 à moins de 5 000 hab.	802	394	992	322	811	207	49,9 %	72,0 %	94,2 %	89,0 %	32,5 %	81,7 %
De 5 000 à moins de 10 000 hab.	947	456	1 145	334	940	225	53,1 %	77,1 %	101,2 %	90,4 %	29,1 %	82,1 %
De 10 000 à moins de 20 000 hab.	1 081	498	1 269	322	974	254	56,3 %	88,3 %	108,7 %	92,3 %	25,4 %	76,7 %
De 20 000 à moins de 50 000 hab.	1 208	558	1 396	320	1 057	296	57,3 %	89,7 %	107,1 %	93,8 %	22,9 %	75,7 %
De 50 000 à moins de 100 000 hab.	1 348	624	1 554	363	1 417	332	55,7 %	84,8 %	103,6 %	94,1 %	23,4 %	91,2 %
Plus de 100 000 hab. hors Paris	1 126	516	1 307	309	1 096	277	54,7 %	82,3 %	115,8 %	94,0 %	23,6 %	83,9 %

Source : DGCL à partir des données DGFiP
Hors gestion active de la dette.

Ratios financiers des groupements de communes à fiscalité propre

(en €/hab. pour les ratios 1 à 6)

2009	Ratio 1	Ratio 2	Ratio 3	Ratio 4	Ratio 5	Ratio 6	Ratio 7	Ratio 8	Ratio 9	Ratio 10	Ratio 11
Communautés urbaines	766	431	929	230	757	224	24,5 %	107,6 %	89,7 %	24,7 %	81,5 %
Communautés d'agglomération	530	317	607	112	323	150	17,4 %	112,3 %	91,0 %	18,5 %	53,2 %
Syndicats d'agglomération nouvelle (1)	988	829	1 206	271	3 607	242	25,3 %	114,2 %	96,5 %	22,5 %	299,1 %
Communautés de communes à TPU	362	210	424	89	140	88	19,1 %	116,9 %	88,4 %	20,9 %	33,0 %
Communautés de communes 4 taxes	202	105	241	78	135	28	27,5 %	106,7 %	89,8 %	32,3 %	55,9 %

Source : DGCL à partir des données DGFiP et des escomptes administratifs 2009
(1) Les valeurs élevées pour les SAN doivent être interprétées avec précaution étant donné le faible nombre de ces structures et leurs spécificités.
Hors gestion active de la dette.

4-9 Les ratios financiers obligatoires des départements et des régions

Définitions

article L.2313-1 du code général des collectivités territoriales (CGCT)

Les ratios 1 à 6 sont définis à la double page précédente (4.8).

Ratio 7 = Dépenses de personnel / DRF : mesure la charge de personnel de la collectivité, c'est un coefficient de rigidité car c'est la part de la dépense incompressible quelle que soit la population de la collectivité.

Ratio 8 = Coefficient de mobilisation du potentiel fiscal (CMPF) = Recettes fiscales / potentiel fiscal : mesure le niveau de pression fiscale exercée par la collectivité sur ses contribuables. C'est le rapport entre le produit fiscal effectif et le produit fiscal théorique.

Ratio 9 = Marge d'autofinancement courant (MAC) = (DRF + Remboursement de dette) / RRF : capacité de la collectivité à financer l'investissement une fois les charges obligatoires payées, les remboursements de dette sont calculés hors gestion active de la dette. Plus le ratio est faible, plus la capacité à financer l'investissement est élevée ; a contrario, un ratio supérieur à 100 % indique un recours nécessaire à l'emprunt pour financer l'investissement.

Ratio 10 = Dépenses d'équipement brut / RRF = taux d'équipement : effort d'équipement de la collectivité au regard de sa richesse. À relativiser sur une année donnée car les programmes d'équipement se jouent souvent sur plusieurs années.

Ratio 11 = Dette / RRF = taux d'endettement : mesure la charge de la dette d'une collectivité relativement à sa richesse.

Les ratios 7 à 11 sont exprimés en pourcentage.

Présentation

Les différentes collectivités locales sont présentées selon leurs principaux ratios financiers pour l'année 2009. Les 11 ratios financiers obligatoires pour les communes de 10 000 habitants et plus ont été repris pour les départements et les régions.

Pour en savoir plus

Publications relatives à l'exploitation des comptes administratifs sur le site de la DGCL : www.dgcl.interieur.gouv.fr rubrique « statistiques » « budgets locaux en chiffres ».

Ratios financiers des départements par strate de population

(en €/hab. pour les ratios 1 à 6)

2009	Ratio 1	Ratio 2	Ratio 3	Ratio 4	Ratio 5	Ratio 6	Ratio 7	Ratio 8	Ratio 8*	Ratio 9	Ratio 10	Ratio 11
France métropole hors Paris	780	354	882	134	425	187	21,1 %	74,3 %	103,2 %	92,8 %	15,2 %	51,0 %
France métropole y c. Paris	781	347	880	130	410	181	20,7 %	69,7 %	99,9 %	92,9 %	14,7 %	49,3 %
Outre-Mer	1 330	211	1 446	133	586	399	20,4 %	85,6 %	107,2 %	96,2 %	9,2 %	40,5 %
France	**796**	**343**	**896**	**130**	**415**	**187**	**20,7 %**	**69,9 %**	**100,0 %**	**93,1 %**	**14,5 %**	**48,9 %**
Métropole												
Moins de 250 000 hab.	940	360	1 063	178	596	276	24,7 %	98,7 %	134,2 %	92,8 %	16,7 %	57,1 %
De 250 000 à moins de 500 000 hab.	857	360	971	149	421	225	22,1 %	91,0 %	120,0 %	93,2 %	15,4 %	47,4 %
De 500 000 à moins de 1 000 000 hab.	752	326	852	125	445	190	20,5 %	76,2 %	103,1 %	92,3 %	14,6 %	53,1 %
Plus de 1 000 000 hab. hors Paris	787	362	883	129	399	173	20,4 %	67,1 %	95,9 %	93,3 %	14,6 %	48,9 %

Source : DGCL, Comptes administratifs 2009

Hors gestion active de la dette.

** Le ratio 8 a été recalculé comme étant le coefficient de mobilisation du potentiel fiscal direct : il représente le produit fiscal effectif des départements rapporté au produit qui prendrait en compte la moyenne des taux nationaux.*

Cette définition complète le ratio 8, habituellemnt calculé, dont le potentiel fiscal tient compte de la part de la dotation forfaitaire 2009 correpondant à l'ancienne part salaire et de la moyenne sur 5 ans des produits perçus au titre des droits de mutation à titre onéreux.

Ratios financiers des régions

(en €/hab. pour les ratios 1 à 6)

2009	Ratio 1	Ratio 2	Ratio 3	Ratio 4	Ratio 5	Ratio 6	Ratio 7	Ratio 8	Ratio 9	Ratio 10	Ratio 11
Alsace	259	75	327	52	379	102	13,4 %	58,9 %	86,4 %	15,7 %	115,8 %
Aquitaine	210	85	313	55	89	83	18,7 %	88,3 %	71,7 %	17,6 %	28,4 %
Auvergne	276	106	382	69	369	104	15,6 %	107,4 %	79,8 %	18,2 %	96,5 %
Bourgogne	303	84	352	32	223	102	14,0 %	83,9 %	89,4 %	9,0 %	63,5 %
Bretagne	202	67	295	38	109	79	17,7 %	74,3 %	72,2 %	13,0 %	37,1 %
Centre	237	79	322	43	204	93	16,4 %	75,7 %	78,7 %	13,2 %	63,4 %
Champagne-Ardenne	275	77	343	30	152	95	15,6 %	71,9 %	95,3 %	8,9 %	44,2 %
Corse	1 320	10	1 743	389	1 055	115	11,8 %	13,9 %	77,1 %	22,3 %	60,5 %
Franche-Comté	272	96	358	38	155	98	19,0 %	87,6 %	78,6 %	10,5 %	43,3 %
Languedoc-Roussillon	225	91	323	66	190	88	17,3 %	103,4 %	72,6 %	20,5 %	58,9 %
Limousin	371	90	445	45	303	155	18,3 %	98,6 %	91,8 %	10,2 %	68,0 %
Lorraine	278	76	327	40	259	91	17,2 %	71,2 %	88,5 %	12,3 %	79,4 %
Midi-Pyrénées	230	107	341	55	94	88	18,8 %	114,5 %	68,3 %	16,0 %	27,6 %
Nord-Pas-de-Calais	279	102	357	58	372	92	19,6 %	105,3 %	86,6 %	16,3 %	104,3 %
Basse-Normandie	261	103	344	26	158	79	17,0 %	102,2 %	77,9 %	7,4 %	46,0 %
Haute-Normandie	255	106	359	72	120	81	20,0 %	84,3 %	73,2 %	19,9 %	33,3 %
Pays de la Loire	207	69	288	33	253	74	15,2 %	70,9 %	95,2 %	11,3 %	87,7 %
Picardie	333	83	369	42	243	114	14,7 %	83,5 %	93,4 %	11,3 %	65,9 %
Poitou-Charentes	238	65	310	51	164	79	22,4 %	70,3 %	81,6 %	16,4 %	53,1 %
Provence-Alpes-Côte d'Azur	242	81	312	51	253	83	16,0 %	74,1 %	80,8 %	16,3 %	81,3 %
Rhône-Alpes	244	74	315	49	220	94	14,4 %	60,1 %	84,6 %	15,5 %	69,8 %
Métropole sauf Île-de-France	**256**	**84**	**337**	**50**	**221**	**90**	**16,7 %**	**80,5 %**	**81,8 %**	**14,8 %**	**65,6 %**
Île-de-France	211	56	288	59	268	63	14,6 %	34,3 %	79,3 %	20,4 %	93,0 %
Métropole	**247**	**78**	**328**	**52**	**230**	**85**	**16,4 %**	**68,4 %**	**81,4 %**	**15,7 %**	**70,0 %**
Guadeloupe	424	48	621	297	541	37	24,5 %	76,8 %	77,7 %	47,9 %	87,1 %
Guyane	317	41	451	418	486	27	24,2 %	79,7 %	75,4 %	92,7 %	107,9 %
Martinique	307	49	552	207	0	52	25,6 %	77,3 %	55,6 %	37,4 %	0,0 %
Réunion	323	39	530	387	494	35	22,6 %	68,6 %	95,1 %	72,9 %	93,1 %
ROM	**342**	**44**	**546**	**330**	**393**	**39**	**23,9 %**	**73,8 %**	**79,9 %**	**60,4 %**	**72,0 %**
France	**250**	**77**	**334**	**59**	**234**	**84**	**16,7 %**	**68,5 %**	**81,3 %**	**17,8 %**	**70,1 %**

Source : DGCL, Comptes administratifs 2009

Hors gestion active de la dette.

5 LA FISCALITÉ LOCALE

5-1 Vue d'ensemble de la fiscalité locale

Définition

Taxe d'habitation (TH) : impôt direct perçu au profit de toutes les collectivités territoriales sauf les régions et les EPCI à TPU. Elle est due par l'occupant - au 1er janvier de l'année d'imposition - d'un immeuble affecté à l'habitation, que ce soit à titre de résidence secondaire ou de résidence principale, et quelle que soit sa qualité : propriétaire ou locataire. La base brute de cette taxe est égale à la valeur locative cadastrale de l'immeuble occupé..

Taxe foncière sur les propriétés bâties (TFB) : impôt direct perçu au profit de toutes les collectivités territoriales sauf les EPCI à TPU et jusqu'en 2008 le département 75. À partir de 2009, le département de Paris l'a à son tour instaurée. Cette taxe est due par le propriétaire d'immeuble au 1er janvier de l'année d'imposition. La taxe est assise sur la valeur locative cadastrale de la propriété diminuée d'un abattement forfaitaire de 50 %.

Taxe foncière sur les propriétés non bâties (TFNB) : impôt direct perçu au profit de toutes les collectivités territoriales sauf les EPCI à TPU et le département 75. Elle est due par le propriétaire du terrain au 1er janvier de l'année d'imposition. La taxe est assise sur la valeur locative cadastrale de la propriété diminuée d'un abattement forfaitaire de 20 %.

Taxe professionnelle (TP) : impôt direct perçu au profit de toutes les collectivités territoriales sauf les communes rattachées à un EPCI à TPU ou mixte, les départements 75, 2A et 2B et la collectivité territoriale de Corse. Elle est due par toute personne physique ou morale qui exerce à titre habituel une activité professionnelle non salariée et non exonérée. La base d'imposition de la taxe professionnelle est constituée de la valeur cadastrale des locaux, la valeur locative des équipements et biens mobiliers et une fraction des recettes des professions libérales employant moins de 5 salariés. La fraction des salaires et rémunérations incluses dans la base d'imposition a été progressivement réduite de 1999 à 2002 par le biais d'un abattement, pour être définitivement supprimée à partir de 2003. La taxe professionnelle est supprimée en 2010.

Valeurs locatives cadastrales des propriétés bâties et non bâties : elles constituent l'essentiel des bases brutes des taxes d'habitation et foncières, elles interviennent également pour 16 % dans la composition des bases brutes de la taxe professionnelle. À la date de la révision foncière (pour les propriétés bâties : 1970, pour les propriétés non bâties : 1961 en métropole et 1975 dans les DOM), elles correspondaient au loyer annuel théorique que devait produire chaque propriété aux conditions du marché. Pour tenir compte de l'inflation et de l'évolution générale des loyers, elles ont fait l'objet d'une actualisation par département en 1980 et après 1980, de revalorisations annuelles nationales.

Présentation

En 2009, le produit de la fiscalité locale (hors taxes liées à l'urbanisme) s'établit à 110 Md€, soit 4,9 Md€ supplémentaires par rapport à 2008. Le rythme de progression (4,6 %) est un peu plus rapide que celui observé entre 2007 et 2008 (4,5 %). Sa principale composante, le produit voté des 4 taxes, a augmenté de 8,3 % soit presque le double de la hausse de 2008 qui était de 4,5 %. En raison de la crise, les collectivités territoriales, en particulier les départements, ont anticipé une chute de leurs autres ressources fiscales et ont donc pallié celle-ci en votant de fortes hausses de taux. Le produit voté des 4 taxes a augmenté de 11,4 % pour les départements, de 7,1 % pour le secteur communal et de 5,4 % pour les régions. La diminution de l'ensemble des « autres contributions », de 1,4 %, provient pour l'essentiel de celle des droits de mutation à titre onéreux. En raison de la forte chute des transactions immobilières, ceux–ci ont en effet continué à diminuer à un rythme beaucoup plus important qu'en 2008 : - 26 % en 2009 après - 7,3 % en 2008.

54,8 % du produit de fiscalité locale de 2009 (hors taxes liées à l'urbanisme), a été perçu par le secteur communal, 33,9 % par les départements et 11,3 % par les régions. Finalement, la hausse globale de 4,9 Md€ se répartit ainsi : 3,4 Md€ pour le secteur communal soit 5,9 % de plus qu'en 2008, 1,1 Md€ pour les départements soit 2,9 % de plus qu'en 2008 et 0,4 Md€ pour les régions soit 3,8 % de plus qu'en 2008.

Les taxes liées à l'urbanisme et recouvrées en 2008 ont continué à augmenter à un rythme très comparable à celui de 2007 : + 6,5 % contre + 6,7 %. Cette hausse est surtout due à celle de la taxe locale d'équipement perçue par les communes et à celle de la taxe départementale des espaces naturels sensibles.

Pour en savoir plus

« Le guide statistique de la fiscalité locale 2009, août 2010, Direction générale des collectivités locales, en ligne sur le site de la DGCL (www.dgcl.interieur.gouv.fr).

Les définitions de toutes les taxes mentionnées sont disponibles dans le « Le guide des impôts locaux », 2007, Direction générale des collectivités locales, en ligne sur le site de la DGCL (www.dgcl.interieur.gouv.fr).

« Taxes d'urbanisme – statistiques année 2008, mai 2010, Ministère de l'Écologie, de l'Énergie, du Développement durable et de la Mer.

Impôts votés et taxes perçues par les collectivités locales en 2009

(en milliards d'euros)

	Communes, groupements (y c. syndicats)	Départements	Régions	Total
Produits votés des 4 taxes	**43,84**	**22,19**	**5,13**	**71,16**
Taxe d'habitation	11,07	5,47	-	16,54
Taxe sur le foncier bâti	13,67	6,84	1,86	22,37
Taxe sur le foncier non bâti	0,81	0,05	0,01	0,88
Taxe professionnelle (y c. FDPTP*)	18,29	9,82	3,25	31,37
Autres contributions (hors taxes liées à l'urbanisme)	**16,43**	**15,12**	**7,27**	**38,82**
Taxe d'enlèvement des ordures ménagères	5,39	-	-	5,39
Droits de mutation à titre onéreux (DMTO)	1,69	5,22	-	6,91
Taxe intérieure sur les produits pétroliers (TIPP)	-	5,78	3,86	9,65
Versement destiné aux transports en commun	5,95	-	-	5,95
Taxe spéciale sur les conventions d'assurance	-	3,13	-	3,13
Taxe sur les cartes grises	-	-	1,92	1,92
Taxe sur l'électricité**	0,99	0,57	-	1,56
Impôts et taxes d'outre mer	0,74	0,17	0,49	1,40
Contribution au développement de l'apprentissage	-	-	0,72	0,72
Taxe sur les pylônes électriques	0,19	-	-	0,19
Taxes de séjour	0,18	0,007	-	0,19
Taxes sur les remontées mécaniques	0,03	0,02	-	0,05
Redevance des mines	0,01	0,01	-	0,02
Taxe sur les permis de conduire	-	-	0,003	0,003
Autres	1,26	0,22	0,28	1,76
Total taxes (hors taxes liées à l'urbanisme)	**60,28**	**37,31**	**12,39**	**109,97**

Sources : DGFiP, DGCL

* *voir définition du FDPTP dans 5-2.*

* *Ce montant peut être sous estimé au niveau des communes et groupements car il ne concerne plus seulement EDF. Même si EDF reste en France le principal concessionnaire du réseau de distribution d'énergie électrique, les statistiques sur la taxe prélevée par les autres concessionnaires ne sont pas forcément exhaustives. De plus, les données des syndicats ne sont pas incluses dans ce montant.*

Valeurs indicatives des taxes liées à l'urbanisme recouvrées en 2008

(en millions d'euros)

	Communes, groupements	Départements	Régions	Total
Total des taxes liées à l'urbanisme	**599,9**	**320,7**	**3,3**	**923,9**
Taxe locale d'équipement	537,7			537,7
Taxe additionnelle à la taxe locale d'équipement en Île de France	16,0			16,0
Taxe spéciale d'équipement de la Savoie		3,1		3,1
Taxe départementale destinée au financement des conseils d'architecture, d'urbanisme et de l'environnement		69,2		69,2
Taxe départementale des espaces naturels sensibles		248,4		248,4
Versement pour dépassement du plafond légal de densité	46,2			46,2
Participation pour non réalisation d'aires de stationnement				0,0
Redevance pour création de bureaux ou de locaux de recherche en région Île de France			3,3	3,3

Source : Direction générale de l'Aménagement, du Logement et de la Nature (MEEDDM)

Les données de 2009 ne seront disponibles qu'en mai 2011.

5-2 Évolution de la fiscalité directe locale

Définitions

- **Les produits votés** sont des produits prévisionnels car ils sont calculés à partir des bases prévisionnelles notifiées aux collectivités et des taux votés.
- **TH, TFB, TFNB** voir définitions dans 5.1
- **Compensation relais de la taxe professionnelle :** Elle correspond à la somme que l'État verse en 2010 à chaque collectivité en compensation de la suppression de la taxe professionnelle. Ce versement est transitoire car il résulte de la mise en place de la réforme de la fiscalité locale en deux temps : dès 2010 pour les entreprises et 2011 pour les collectivités locales. En 2010, parallèlement à la suppression de la taxe professionnelle, toutes les entreprises sont soumises à la contribution économique (CET) et les entreprises de réseaux versent en plus une imposition forfaitaire (IFER). L'État perçoit le produit de ces impôts et verse aux collectivités locales une compensation relais se substituant à la taxe professionnelle en attendant 2011. Cette compensation est égale au plus élevé des deux montants suivants, soit le produit de la taxe professionnelle perçu en 2009, soit le produit des bases prévisionnelles de TP 2010 par le taux de TP 2009 dans la limite du taux de TP 2008 majoré de 1 %. Pour les communes et EPCI, s'ajoute à cette première composante de la CR, de loin la plus importante, un complément. Ils votent un taux de CFE dit taux relais. La différence entre ce taux de CFE et le taux de TP de 2009, multipliée par les bases de CFE constitue la seconde composante de leur compensation relais.
- **CET** : nouvel impôt créé en 2010 qui concerne toutes les entreprises. Il est composé de la cotisation foncière des entreprises (CFE) et de la cotisation sur la valeur ajoutée des entreprises (CVAE).
- **CFE** : cotisation foncière des entreprises. C'est un impôt destiné à partir de 2011 aux communes et aux groupements à fiscalité propre. Elle est assise sur les valeurs locatives des propriétés bâties et non bâties des entreprises.
- **CVAE** : cotisation sur la valeur ajoutée des entreprises. C'est un impôt dont le produit sera partagé à partir de 2011 entre toutes les collectivités : 26,5 % pour le secteur communal, 48 ,5 % pour les départements et 25 % pour les régions.
- **IFER** : imposition forfaitaire sur les entreprises de réseaux. C'est un impôt qui taxe les grandes entreprises des réseaux d'énergie, de télécommunications et de transports. Il est perçu par l'État en 2010. À partir de 2011, son produit sera réparti entre les différentes collectivités selon les catégories d'installation.

Présentation

En 2010, la taxe professionnelle est supprimée et les collectivités bénéficient de la compensation relais : celle-ci devrait atteindre 32,5 Md€ soit un montant supérieur de 3,7 % au produit voté de taxe professionnelle de 2009.
Les produits votés par les collectivités locales au titre des trois taxes « ménages » devraient s'élever à 41,7 milliards d'euros. En cinq ans, ces produits ont augmenté en euros courants de 24,3 % pour l'ensemble des collectivités : 29,6 % pour les départements, 22,1 % pour le secteur communal et 20,7 % pour les régions.

Pour en savoir plus

« 2010, année de transition pour la fiscalité directe locale », Bis n° 77, Novembre 2010, en ligne sur le site de la DGCL (www.dgcl.interieur.gouv.fr).

« Le guide statistique de la fiscalité locale 2009 », août 2010, en ligne sur le site de la DGCL (www.dgcl.interieur.gouv.fr).

Produits votés des 3 taxes « ménages » de 2006 à 2010 - Métropole et DOM *(en millions d'euros)*

		2006	2007	2008	2009	2010
Communes (a)	**ensemble des 3 taxes**	**20 756**	**21 701**	**22 586**	**24 180**	**25 228**
	taxe d'habitation	8 994	9 414	9 800	10 498	10 912
	taxe sur le foncier bâti	11 095	11 601	12 083	12 961	13 583
	taxe sur le foncier non bâti	667	686	703	721	733
EPCI (b)	**ensemble des 3 taxes**	**911**	**919**	**974**	**1 179**	**1 249**
	taxe d'habitation	371	376	399	485	509
	taxe sur le foncier bâti	464	464	494	606	649
	taxe sur le foncier non bâti	76	79	81	87	91
Syndicats (c)	**ensemble des 3 taxes**	**168**	**181**	**184**	**193**	**190**
	taxe d'habitation	77	83	85	88	88
	taxe sur le foncier bâti	86	93	94	100	97
	taxe sur le foncier non bâti	5	6	6	5	5
Communes et groupements (a+b+c)	**ensemble des 3 taxes**	**21 836**	**22 801**	**23 744**	**25 552**	**26 666**
	taxe d'habitation	9 442	9 873	10 283	11 071	11 508
	taxe sur le foncier bâti	11 646	12 157	12 671	13 667	14 329
	taxe sur le foncier non bâti	749	770	790	814	829
Départements	**ensemble des 3 taxes**	**10 080**	**10 593**	**11 071**	**12 367**	**13 065**
	taxe d'habitation	4 533	4 769	4 983	5 470	5 731
	taxe sur le foncier bâti	5 501	5 776	6 037	6 843	7 279
	taxe sur le foncier non bâti	45	48	50	54	55
Régions	**ensemble des 3 taxes**	**1 601**	**1 697**	**1 778**	**1 871**	**1 932**
	taxe d'habitation	s.o.	s.o.	s.o.	s.o.	s.o.
	taxe sur le foncier bâti	1 588	1 684	1 764	1 857	1 917
	taxe sur le foncier non bâti	13	13	14	14	15
Ensemble des collectivités	**ensemble des 3 taxes**	**33 517**	**35 091**	**36 593**	**39 789**	**41 663**
	taxe d'habitation	13 975	14 642	15 267	16 541	17 239
	taxe sur le foncier bâti	18 735	19 617	20 472	22 366	23 525
	taxe sur le foncier non bâti	807	831	854	882	899

Sources : DGCL, DGFiP

s.o. : sans objet

Produit voté de la taxe professionnelle de 2006 à 2009 et compensation relais en 2010 Métropole et DOM *(en millions d'euros)*

		2006	2007	2008	2009	2010
Secteur communal	taxe professionnelle	15 905	16 446	17 192	18 292	
	taxe professionnelle hors PVA*		16 355	17 081	18 097	
	compensation relais					19 129
	compensation relais hors PVA*					18 933
Départements	taxe professionnelle	8 054	8 429	8 857	9 823	
	taxe professionnelle hors PVA*		8 151	8 521	9 238	
	compensation relais					9 978
	compensation relais hors PVA*					9 395
Régions	taxe professionnelle	2 775	2 924	3 085	3 254	
	taxe professionnelle hors PVA*		2 647	2 767	2 921	
	compensation relais					3 376
	compensation relais hors PVA*					3 043
Ensemble des collectivités	taxe professionnelle	26 734	27 799	29 134	31 369	
	taxe professionnelle hors PVA*		27 153	28 370	30 256	
	compensation relais					32 482
	compensation relais hors PVA*					31 372

** Hors PVA depuis 2007 : après soustraction de la participation au coût du dégrèvement de la taxe professionnelle lié à son plafonnement en fonction de la valeur ajoutée. Cette participation est une valeur estimée.*

Sources : DGCL, DGFiP

5-3 Les taux d'imposition des 3 taxes « ménages »

Définitions

- **Taux moyen** : taux de prélèvement moyen calculé comme le rapport entre richesse prélevée et richesse imposable. Il est sensible à la variation des bases imposables. Son évolution retrace simplement la variation de la proportion de la matière imposable taxée.
- **Taux d'imposition moyen pour une taxe et un type de collectivité** : rapport de la somme des produits votés pour une taxe donnée par les collectivités d'un type donné sur la somme des bases prévisionnelles correspondantes. Ce rapport est donné à titre indicatif, pour permettre aux collectivités de se situer par rapport à la moyenne nationale.
- **Taux d'imposition moyen pour une taxe donnée et l'ensemble des collectivités** : rapport de la somme des produits votés pour une taxe donnée par l'ensemble des collectivités sur la somme des bases prévisionnelles **communales** correspondant à cette taxe.
- **TH, TFB, TFNB, TP** - cf 5.1.
- **CFE** - cf 5.2.
- **Compensation relais** - cf 5.2.

Présentation

En 2010, les taux moyens votés des 3 taxes « ménages », toutes collectivités confondues, se présentent ainsi
- taxe foncière sur les propriétés non bâties : 49,79 %,
- taxe foncière sur les propriétés bâties : 32,22 %,
- taxe d'habitation : 22,76 %.

Sur la période 2006-2010, les taux moyens de chacune de ces 3 taxes, toutes collectivités confondues, ont augmenté ainsi
- taxe foncière sur les propriétés non bâties : + 2,50 points,
- taxe foncière sur les propriétés bâties : + 2,65 points,
- taxe d'habitation : + 0,38 point.

Parmi les collectivités territoriales, ce sont les départements qui ont procédé à la plus forte hausse de taux en points entre 2006 et 2010 pour la taxe foncière sur les propriétés non bâties et les communes pour les deux autres : taxe d'habitation et taxe foncière sur les propriétés bâties.

Pour l'exercice 2010, la compensation relais se substitue à la taxe professionnelle. Les régions et les départements n'ont pas de pouvoir de taux sur ce montant. Les communes et les EPCI en ont un relativement faible : ils votent un taux de CFE (cotisation foncière des entreprises) dit taux relais. Seul l'écart entre ce taux de CFE et le taux de TP de 2009 est multiplié par les bases prévisionnelles de CFE et constitue la seconde composante de la compensation relais. Cette deuxième composante représente 0,5 % de la compensation relais totale du secteur communal.

Pour en savoir plus

« 2010, année de transition pour la fiscalité directe locale », Bis n° 77, Novembre 2010, en ligne sur le site de la DGCL (www.dgcl.interieur.gouv.fr).

« Le guide statistique de la fiscalité locale 2009 », août 2010, en ligne sur le site de la DGCL (www.dgcl.interieur.gouv.fr).

Taux d'imposition moyens votés des 4 taxes de 2006 à 2009 et des 3 taxes « ménages » en 2010 - Métropole et DOM *(en %)*

	2006	2007	2008	2009	2010
Communes (hors FDPTP et bases écrêtées)					
taxe d'habitation	13,69	13,79	13,87	14,20	14,41
taxe sur le foncier bâti	17,54	17,71	17,84	18,32	18,60
taxe sur le foncier non bâti	39,12	39,50	39,82	40,30	40,62
taxe professionnelle	12,37	12,46	12,61	13,00	s.o.
Groupements à fiscalité propre (non compris les syndicats intercommunaux et hors FDPTP et bases écrêtées)					
taxe d'habitation	2,27	2,17	2,24	2,21	2,24
taxe sur le foncier bâti	3,26	3,08	3,19	3,14	3,24
taxe sur le foncier non bâti	8,88	9,10	9,26	9,33	9,30
taxe professionnelle hors TPU TPZ TPE	2,70	2,76	2,84	2,95	s.o.
TPU	16,64	16,72	16,95	16,87	s.o.
dont TPU des SAN	*20,75*	*21,23*	*21,18*	*21,50*	*s.o.*
TPU des CA	*17,17*	*17,25*	*17,26*	*17,25*	*s.o.*
TPZ	9,71	10,25	10,25	10,35	s.o.
TPE	s.o.	s.o.	12,87	13,48	s.o.
Communes et groupements (y compris les syndicats intercommunaux et hors FDPTP et bases écrêtées)					
taxe d'habitation	14,35	14,46	14,55	14,98	15,20
taxe sur le foncier bâti	18,37	18,56	18,71	19,31	19,63
taxe sur le foncier non bâti	43,89	44,34	44,75	45,48	45,93
taxe professionnelle	15,64	15,74	15,87	16,13	s.o.
dont TPU	*16,64*	*16,72*	*16,95*	*16,87*	*s.o.*
TPZ	*9,71*	*10,25*	*10,25*	*10,35*	*s.o.*
TPE	*s.o.*	*s.o.*	*12,87*	*13,48*	*s.o.*
Départements					
taxe d'habitation	6,89	6,98	7,05	7,39	7,54
taxe sur le foncier bâti	9,76	9,88	9,99	9,82	10,14
taxe sur le foncier non bâti	23,17	23,38	23,76	24,93	25,41
taxe professionnelle	8,22	8,36	8,48	8,96	s.o.
Régions					
taxe d'habitation	s.o.	s.o.	s.o.	s.o.	s.o.
taxe sur le foncier bâti	2,54	2,61	2,64	2,66	2,67
taxe sur le foncier non bâti	6,21	6,29	6,42	6,48	6,48
taxe professionnelle	2,68	2,75	2,80	2,82	s.o.
Ensemble des collectivités (y compris les syndicats intercommunaux et hors FDPTP et bases écrêtées)					
taxe d'habitation	21,25	21,44	21,60	22,38	22,76
foncier bâti	29,58	29,95	30,23	31,61	32,22
foncier non bâti	47,30	47,84	48,39	49,31	49,79
taxe professionnelle	26,67	27,00	27,33	28,06	s.o.

Sources : DGCL, DGFiP

s.o. : sans objet

5-4 Évolution des produits votés des 3 taxes « ménages »

Définitions

- **Effet base** : Évolution du produit liée à l'évolution des bases, c'est-à-dire évolution calculée à taux constants. Il est égal au rapport de la somme des produits des bases de l'année n par les taux de l'année n-1 sur la somme des produits des bases de l'année n-1 par les taux de l'année n-1. L'effet base tient compte des taux alors que l'évolution des bases (rapport de la somme des bases de l'année n sur la somme des bases de l'année n-1) est insensible aux taux appliqués sur ces bases.
- **Effet taux** : Évolution du produit liée à l'évolution des taux, c'est-à-dire évolution calculée à base constante. Il est égal au rapport de la somme des produits des bases de l'année n par les taux de l'année n sur la somme des produits des bases de l'année n par les taux de l'année n-1.
- **Taxes « ménages »** : sont regroupées sous cette appellation la taxe d'habitation et les taxes foncières sur les propriétés bâties et non bâties.
- **Régime fiscal des groupements à fiscalité propre (EPCI)** : ces groupements peuvent bénéficier de l'un des 4 régimes principaux fiscaux suivants :
- **TPU** : les groupements à TPU sont les seuls du secteur « communes + groupements » à percevoir le produit de la taxe professionnelle et ils ne reçoivent pas de produit des taxes ménages.
- **Mixte** : les groupements à fiscalité mixte sont aussi les seuls du secteur « communes + groupements » à percevoir le produit de la taxe professionnelle mais à la différence des précédents, ils peuvent recevoir une part de fiscalité additionnelle sur les taxes « ménages ». Toutefois cette part reste faible au regard du produit perçu au titre des taxes « ménages » par les communes qui sont rattachées à ce groupement.
- **4 taxes** : les groupements ayant adopté ce régime fiscal peuvent percevoir des produits au titre des 4 taxes.
- **TPZ** : comme les groupements à régime fiscal 4 taxes, les groupements à TPZ peuvent percevoir des produits au titre des 4 taxes mais en plus ils peuvent percevoir une taxe professionnelle prélevée sur une zone d'activité économique (ZAE) précise.
- **TH, TFB, TFNB, TP** - cf 5.1.

Présentation

Toute évolution du produit fiscal peut se décomposer en une part imputable à l'évolution des bases (effet base) et une autre imputable à l'évolution des taux (effet taux).

Entre 2009 et 2010, à nature juridique et fiscale identique, l'évolution du produit fiscal global voté des 3 taxes « ménages », toutes collectivités confondues, est de + 4,7 %. Cette hausse est due pour 2,9 % à l'augmentation des bases et pour 1,8 % à celle des taux.

Les groupements à fiscalité propre ont davantage accru leurs taux « ménages » que les autres collectivités. Leur produit fiscal 3 taxes a augmenté de 7 % dont 3,7 % est imputable à la hausse des taux et 3,1 % à celle de leurs bases. Pour les autres collectivités, l'évolution du produit fiscal 3 taxes provient plus de l'effet base que de l'effet taux.

Pour en savoir plus

Sur l'effet base et l'effet taux voir la note méthodologique de l'annexe 2 du guide de la fiscalité locale 2007 en ligne sur le site de la DGCL (www.dgcl.interieur.gouv.fr).

Évolution des produits votés des 3 taxes « ménages » de 2009 à 2010, effets base et taux - Métropole et DOM *(en %)*

	taxe habitation	taxe foncier bâti	taxe foncier non bâti	ensemble des 3 taxes
Type de collectivités*		**Évolution du produit voté**		
Communes isolées	5,58	5,99	2,91	5,77
Communes rattachées à un				
- EPCI à TPU	3,44	4,45	1,45	3,93
- EPCI à TPU mixte	4,00	4,51	1,66	4,22
- EPCI à TA	3,82	4,37	1,71	3,93
- EPCI à TPZ	3,69	4,73	1,74	4,05
Ensemble des communes	**3,87**	**4,68**	**1,64**	**4,23**
EPCI à TPU Mixte	7,86	10,87	4,80	9,35
EPCI à TA	6,05	6,49	3,92	6,04
EPCI à TPZ	5,12	6,06	3,98	5,50
Ensemble des EPCI	**6,39**	**7,83**	**4,05**	**6,96**
Départements	**4,78**	**6,37**	**2,18**	**5,64**
Régions	**s.o.**	**3,26**	**0,87**	**3,24**
Ensemble des collectivités*	**4,25**	**5,18**	**1,91**	**4,72**
Type de collectivités*		**Effet base**		
Communes isolées	1,87	2,53	1,86	2,22
Communes rattachées à un				
- EPCI à TPU	2,48	3,33	0,58	2,89
- EPCI à TPU mixte	2,50	3,03	0,97	2,75
- EPCI à TA	2,88	3,49	0,86	3,03
- EPCI à TPZ	2,57	3,65	1,02	3,00
Ensemble des communes	**2,42**	**3,20**	**0,82**	**2,79**
EPCI à TPU Mixte	2,79	3,35	1,54	3,05
EPCI à TA	3,48	4,04	1,72	3,57
EPCI à TPZ	2,44	3,42	1,32	2,84
Ensemble des EPCI	**2,86**	**3,57**	**1,52**	**3,12**
Départements	**2,79**	**3,27**	**0,56**	**3,04**
Régions	**s.o.**	**3,18**	**0,77**	**3,16**
Ensemble des collectivités*	**2,56**	**3,23**	**0,87**	**2,90**
Type de collectivités*		**Effet taux**		
Communes isolées	3,64	3,38	1,03	3,47
Communes rattachées à un				
- EPCI à TPU	0,94	1,08	0,86	1,01
- EPCI à TPU mixte	1,47	1,44	0,68	1,43
- EPCI à TA	0,91	0,85	0,84	0,88
- EPCI à TPZ	1,09	1,04	0,71	1,03
Ensemble des communes	**1,41**	**1,43**	**0,82**	**1,40**
EPCI à TPU Mixte	4,93	7,28	3,22	6,11
EPCI à TA	2,48	2,36	2,16	2,38
EPCI à TPZ	2,62	2,56	2,62	2,59
Ensemble des EPCI	**3,44**	**4,11**	**2,49**	**3,72**
Départements	**1,94**	**3,00**	**1,61**	**2,52**
Régions		**0,08**	**0,10**	**0,08**
Ensemble des collectivités*	**1,65**	**1,88**	**1,03**	**1,77**

Source : DGCL à partir des états fiscaux 1253 et 1259 de la DGFiP

** à nature juridique et fiscale identique en 2009 et 2010 et non compris les communes et EPCI pour lesquels un taux et/ou une base sont non renseignés sur une des deux années.*

s.o. : sans objet

5-5 Taxe et redevance pour l'enlèvement des ordures ménagères

Définitions

- **Effet base :** Part de l'évolution du produit imputable à l'évolution des bases. (voir définition détaillée en 5.4).
- **Effet taux :** Part de l'évolution du produit imputable à l'évolution des taux (voir définition détaillée en 5.4).
- **Redevance d'enlèvement des ordures ménagères ou redevance générale (REOM) :** redevance facultative. Les collectivités peuvent substituer à la taxe d'enlèvement des ordures ménagères (TEOM), la redevance. Elle est calculée en fonction de l'importance du service rendu pour l'enlèvement des ordures ménagères et le redevable est l'usager du service. Son instauration entraîne la suppression de la TEOM et de la redevance sur les campings. Ce mode de paiement a le mérite d'être proportionnel au service rendu et d'inciter les habitants à diminuer la quantité de déchets qu'ils produisent. Comme cette redevance ne représente aucun caractère fiscal, son recouvrement est assuré par la collectivité, qui devra éventuellement faire face à des impayés.
- **Taxe d'enlèvement des ordures ménagères (TEOM) :** impôt direct facultatif, additionnel à la taxe foncière sur les propriétés bâties. Elle est due par tout propriétaire d'une propriété imposable à la taxe foncière sur les propriétés bâties dans une zone où les déchets sont collectés. La TEOM est établie au nom des propriétaires ou usufruitiers. Elle est dépourvue de tout lien avec la qualité d'occupant du local mais peut être répercutée par les propriétaires sur leurs locataires. Adossée à l'impôt sur le foncier bâti, la TEOM n'a pas de lien direct avec le coût réel du service ou le service rendu à l'usager.
- **Taux moyen de la TEOM :** rapport de la somme des produits de la TEOM votés sur la somme des bases prévisionnelles de la TEOM. Il est donné à titre indicatif pour permettre aux collectivités concernées par cette taxe de se situer par rapport à la moyenne nationale.

Présentation

La législation offre aux communes et à leurs groupements le choix entre trois modes de financement du service d'élimination des déchets ménagers : la taxe d'enlèvement des ordures ménagères (TEOM), la redevance d'enlèvement des ordures ménagères (REOM) ou le budget général.
En 2009, plus de 96 % des communes françaises ont prélevé directement ou par l'intermédiaire d'un groupement une taxe ou une redevance d'enlèvement des ordures ménagères pour un montant total de 5,94 Md€. Le produit de la TEOM s'est élevé à 5,4 Md€ (en augmentation d'environ 7,1 % par rapport à 2008), celui de la REOM à un peu plus de 0,54 Md€ (4,5 % de hausse).
Toutes strates de population confondues, 95 % de la population est assujettie à la taxe ou à la redevance, et dans chaque strate la part des habitants concernée par la TEOM ou la REOM est toujours supérieure à 93 %. La REOM concerne un peu plus d'un habitant sur dix.
L'évolution du produit par habitant est un peu plus importante pour la TEOM que pour la REOM : + 3,6 % en 2009 pour la TEOM contre + 2,4 % pour la REOM.

En 2010, 56 millions d'habitants sont assujettis à la TEOM et le produit de cette taxe atteint 5,68 Md€, en hausse de 5,4 % par rapport à 2009. À champ constant cette évolution provient pour l'essentiel de celle des bases : 3 % et dans une proportion moindre de celle des taux : 2,1 %.

Les groupements se sont progressivement substitués aux communes pour le traitement des ordures ménagères. La part de la TEOM perçue par les groupements à fiscalité propre est de 76,8 % en 2010, contre 75,3 % en 2009. Elle était égale à 30,4 % en 2001.

Pour en savoir plus

« Le guide statistique de la fiscalité locale 2009 » - août 2010, en ligne sur le site de la DGCL (www.dgcl.interieur.gouv.fr).

Évolution du produit de la taxe et de la redevance d'enlèvement des ordures ménagères de 2006 à 2010

(en millions d'euros)

	2006	2007	2008	2009	2010
TEOM	4 601	4 807	5 034	5 398	5 683
REOM	483	505	522	546	n.d.
TEOM + REOM	5 084	5 312	5 556	5 944	n.d.

Sources : DGCL, DGFiP
n.d.: non disponible

La TEOM en 2010
montants des bases, taux, produits

France entière	2010
Base (M€)	61 965
Taux moyen (%)	9,17
Produit (M€)	5 683

Sources : DGCL, DGFiP

Évolution* de la TEOM de 2009 à 2010

(en %)

Évolution du produit	effet base	effet taux
5,22	3,04	2,12

** à champ constant*
Sources : DGCL, DGFiP

Évolution des produits de TEOM

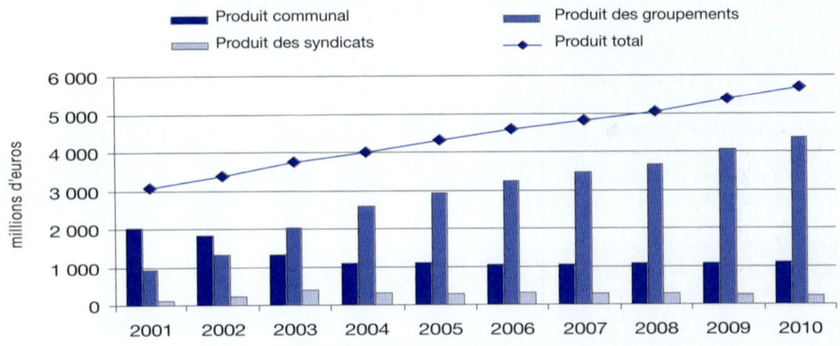

Sources : DGCL, DGFiP

Les communes qui prélèvent la TEOM ou la REOM en 2009 (directement ou via un groupement) Métropole et DOM

Population des communes	TEOM			REOM		
	Proportion de communes de la strate (en %)	Part dans la population de la strate (en %)	Produit par habitant (en euros)	Proportion de communes de la strate (en %)	Part dans la population de la strate (en %)	Produit par habitant (en euros)
moins de 500 hab.	62	64	73	34	32	81
de 500 à 2 000 hab.	70	71	79	26	25	78
de 2 000 à 3 500 hab.	77	77	90	17	17	82
de 3 500 à 5 000 hab.	82	82	93	13	13	81
de 5 000 à 10 000 hab.	86	86	96	7	7	88
de 10 000 à 20 000 hab.	89	89	97	5	4	107
de 20 000 à 50 000 hab.	93	94	96	2	1	96
de 50 000 à 100 000 hab.	95	96	106	-	-	-
de 100 000 à 300 000 hab.	97	98	105	3	2	87
plus de 300 000 hab.	100	100	149	-	-	-
Ensemble	**67**	**85**	**98**	**28**	**10**	**82**

Sources : DGCL, DGFiP
L'ensemble des données ci-dessus a été ramené au niveau communal, que la taxe ou la redevance soit perçue au niveau communal ou au niveau intercommunal.

5-6 Les contributions de l'État à la fiscalité directe locale

Définitions

Compensations : allocations annuelles versées par l'État aux collectivités locales pour compenser des pertes de recettes fiscales entraînées par les exonérations et allègements de bases décidées par voie législative. Le mécanisme de compensation dépend donc de décisions nationales.

Contributions brutes de l'État : somme des compensations et des dégrèvements législatifs.

Dégrèvements législatifs : prise en charge par l'État de tout ou partie de la contribution due par les contribuables aux collectivités locales. L'État prend intégralement à sa charge le coût des dégrèvements et verse le produit correspondant aux collectivités locales. Les dégrèvements sont inclus dans les produits des quatre taxes votés par les collectivités locales.

Participation au coût du dégrèvement de la taxe professionnelle en fonction de la valeur ajoutée (PVA) : c'est une atténuation de la prise en charge du dégrèvement par l'État. En effet, à partir de 2007, les collectivités locales doivent assurer une partie du coût du dégrèvement causée par l'augmentation des taux votés. Ce dégrèvement concerne les redevables de la taxe professionnelle, ils peuvent en effet bénéficier d'un plafonnement de leur cotisation à 3,5 % de la valeur ajoutée.

Part des recettes fiscales prises en charge par l'État : pour une taxe donnée c'est le rapport de la somme des compensations et dégrèvements accordés au titre de cette taxe sur la somme des recettes fiscales des collectivités locales perçues au titre de cette taxe c'est-à-dire la somme des produits votés et des compensations à laquelle est retranchée la participation au coût du dégrèvement de la taxe professionnelle lié à son plafonnement en fonction de la valeur ajoutée s'il s'agit de la taxe professionnelle.

Quatre taxes : cette expression désigne couramment la taxe d'habitation, les taxes foncières sur les propriétés bâties et non bâties et enfin la taxe professionnelle définies au 5.1.

Présentation

Les contributions de l'État peuvent prendre deux formes : les dégrèvements et les allocations compensatrices. Ces contributions s'élèvent à 18,6 Md€ en 2009.

Sur ce montant, 14 Md€ sont des contributions au seul titre de la taxe professionnelle. Mais une partie du dégrèvement accordée aux entreprises et estimée pour 2009 à environ 1 110 millions d'euros, ne sera cependant plus prise en charge par l'État mais in fine par les collectivités elles-mêmes. En effet, depuis 2007, les collectivités locales sont mises à contribution au coût du dégrèvement de la taxe professionnelle en fonction de la valeur ajoutée pour la fraction des bases exonérées correspondant à l'augmentation des taux décidés par les collectivités.

La part des contributions de l'État représente environ un quart des recettes fiscales perçues par les collectivités locales au titre des « quatre taxes ».

Pour en savoir plus

Sur la mise en place de la contribution des collectivités locales au coût du dégrèvement de la taxe professionnelle lié à son plafonnement en fonction de la valeur ajoutée voir « la fiscalité directe en 2007 : une hausse des taux limités », Bis n° 57, Novembre 2007, page 5, en ligne sur le site de la DGCL (www.dgcl.interieur.gouv.fr).

Compensations et dégrèvements législatifs

(en millions d'euros)

	2005	2006	2007	2008	2009
Compensations					
Taxe d'habitation	1 164	1 189	1 207	1 227	1 233
Taxe sur le foncier bâti	371	377	388	402	350
Taxe sur le foncier non bâti	332	492	491	446	404
Taxe professionnelle	1 894	1 804	1 698	1 390	1 119
Total	**3 761**	**3 862**	**3 783**	**3 465**	**3 105**
Dégrèvements législatifs					
Taxe d'habitation	2 774	2 918	3 013	3 048	3 148
Taxes foncières	503	563	574	730	672
Taxe professionnelle	7 257	8 877	9 159	11 929	13 641
Total	**10 534**	**12 358**	**12 746**	**15 707**	**17 461**
Contributions brutes de l'État					
Taxe d'habitation	3 938	4 107	4 220	4 275	4 380
Taxes foncières	1 206	1 432	1 453	1 578	1 426
Taxe professionnelle	9 151	10 681	10 857	13 319	14 760
Total	**14 295**	**16 220**	**16 530**	**19 172**	**20 500**

Sources : DGFiP, DGCL

Recettes hors PVA* au titre des 4 taxes

(en millions d'euros)

	2005	2006	2007	2008	2009
Taxe d'habitation	14 391	15 164	15 849	16 494	17 773
Taxes foncières	19 276	20 411	21 327	22 174	24 002
Taxe professionnelle	26 962	28 538	28 851	29 759	31 374
Total	**60 628**	**64 113**	**66 027**	**68 427**	**73 150**

Sources : DGFiP, DGCL

** hors PVA : après soustraction de la participation des collectivités locales au coût du dégrèvement de la taxe professionnelle lié au plafonnement de celle-ci en fonction de la valeur ajoutée, mise en place à partir de 2007. Les données de 2007, 2008 et 2009 sont des estimations parce que la demande de dégrèvement des entreprises peut s'étaler sur plusieurs années.*

Part des recettes hors PVA* prises en charge par l'État au titre des 4 taxes

(en %)

	2005	2006	2007	2008	2009
Taxe d'habitation	27,4	27,1	26,6	25,9	24,6
Taxes foncières	6,3	7,0	6,8	7,1	5,9
Taxe professionnelle	33,9	37,4	35,4	42,2	43,5
Total	**23,6**	**25,3**	**24,1**	**26,9**	**26,6**

Sources : DGFiP, DGCL

** hors PVA : après soustraction de la participation des collectivités locales au coût du dégrèvement de la taxe professionnelle lié au plafonnement de celle-ci en fonction de la valeur ajoutée, mise en place à partir de 2007. Les données de 2007, 2008 et 2009 sont des estimations parce que la demande de dégrèvement des entreprises peut s'étaler sur plusieurs années.*

6 LES CONCOURS FINANCIERS DE L'ÉTAT

6-1 Vue d'ensemble des concours financiers de l'État aux collectivités locales

Définitions

- **Les prélèvements sur recettes** correspondent à la rétrocession d'un montant déterminé des recettes de l'État au profit des collectivités territoriales afin de couvrir les charges qui leur incombent ou de compenser des exonérations, des réductions ou des plafonnements d'impôts. Ces crédits ne transitent pas en tant que tels par le budget de l'État.
D'un montant supérieur à 41,3 Md€ en 2011, la DGF est, en masse, le principal PSR bénéficiant aux collectivités locales.
- **Les crédits budgétaires** relèvent principalement de la mission Relations avec les collectivités territoriales (DETR - cf.6.3 -, subventions spécifiques...). Ils constituent soit des aides automatiques (par exemple la DGE des départements, qui correspond à un taux de concours sur les dépenses d'investissement réalisées par ces derniers) soit des aides décidées par les autorités de l'État.
- **Compensations :** allocations annuelles versées par l'État aux collectivités locales pour compenser des pertes de recettes fiscales entraînées par les exonérations et allègements de bases décidés par voie législative. Le mécanisme de compensation dépend donc de décisions nationales.
- **Dégrèvements législatifs :** prises en charge par l'État de tout ou partie de la contribution due par les contribuables aux collectivités locales. L'État prend intégralement à sa charge le coût des dégrèvements et verse le produit correspondant aux collectivités locales. Les dégrèvements sont inclus dans les produits des quatre taxes votées par les collectivités locales.

Les transferts de compétences opérés depuis 1984 ont donné lieu à un transfert concomitant de ressources équivalentes au profit des collectivités territoriales concernées.
Ces ressources prennent soit la forme de **fiscalité transférée** comme c'est le cas avec les fractions de taxe intérieure sur les produits pétroliers ou de taxe spéciale sur les contrats d'assurance transférées aux départements et aux régions en compensation des transferts de compétences depuis 2005, soit la forme de dotations spécifiques, **la dotation générale de décentralisation, la DGD formation professionnelle** destinée à l'origine au financement des fonds régionaux de l'apprentissage et de la formation professionnelle. Le périmètre de ces dotations peut évoluer avec le temps, ainsi 95 % de la DGD a été incluse dans la DGF en 2004.

Présentation

Les transferts financiers de l'État aux collectivités territoriales représentent près de 99 milliards d'euros en 2011, un montant en progression de + 0,8 % par rapport à 2010 (le montant global 2010 étant retraité des effets de la réforme de la taxe professionnelle).
Il convient de noter que l'article 184 de la loi de finances pour 2011 remplace le terme « effort financier de l'État en faveur des collectivités territoriales » par le terme « transferts financiers de l'État aux collectivités territoriales », afin de mieux traduire la nature des relations financières entre l'État et les collectivités.
Les transferts financiers se composent de trois ensembles : les concours de l'État aux collectivités territoriales (60,1 Md€), les dégrèvements d'impôts locaux et les subventions spécifiques versées par les ministères (13,3 Md€), et la fiscalité transférée (25,4 Md€).

Pour en savoir plus

Consulter l'espace dédié aux dotations sur le site de la DGCL :
www.dgcl.interieur.gouv.fr/sections/les_collectivites_te/finances_locales/recettes_des_collect/dotations

Les chapitres 6.2 et 6.3 présentent de manière détaillée les dotations et subventions de fonctionnement et les autres concours financiers de l'État : dotations et subventions d'équipement, financement des transferts de compétences et compensations d'exonérations et dégrèvements législatifs.

Les concours financiers de l'État aux collectivités locales (les montants 2011 intègrent les effets de la réforme de la taxe professionnelle) *en millions d'euros (autorisations d'engagement)*

	2007	2008	2009	2010	2011
Prélèvements sur recettes					
Dotation globale de fonctionnement (DGF)	39 239	40 056	40 855	41 093	41 265
Dotation spéciale instituteurs (DSI)	88	53	37	28	26
Dotation élu local	62	63	65	65	65
Dotation régionale d'équipement scolaire (DRES) et départementale d'équipement des collèges (DDEC)	986	991	991	990	990
Fonds de compensation de la TVA (FCTVA)	4 711	5 192	5 855	6 228	6 040
Prélèvement au titre des amendes forfaitaires de la police de la circulation et des radars automatiques	680	650	600	640	0*
Reversement de taxe intérieure sur les produits pétroliers (TIPP) à la Corse		43	44	41	40
Fonds de solidarité en faveur des collectivités territoriales victimes de catastrophes naturelles		20	10	15	0
Fonds de compensation des baisses communales de DCTP		60	0	0	0
Fonds de mobilisation départementale pour l'insertion (FMDI)	500	500	500	500	500
Compensations d'exonération					
Fonds de compensation de la suppression de la part salaires de la taxe professionnelle	119	100	75	40	0
Compensation des pertes de bases et redevances des mines	164	164	164	184	35
Compensation d'exonérations au titre de la TP des titulaires de bénéfices non commerciaux		362	308	282	172
Compensation d'exonérations départementales et régionale de la taxe foncière relative au non bâti agricole (hors Corse)		261	222	203	0
Dotation de compensation de la taxe professionnelle (DCTP hors RCE)	986	730	506	545	364
Réduction pour création d'établissement (RCE)	78	52	44	41	0
Autres compensations d'exonérations ajustées		1 404	1 852	2 073	1 835
Dotation pour transferts de compensation d'exonération de fiscalité directe locale					947
Prélèvement sur les recettes au profit de la DGF				131	115
	47 613	**50 701**	**52 217**	**53 099**	**52 394**
Prélèvement exceptionnel au titre du FCTVA				1 000	
Compensation relais (réforme de la taxe professionnelle)				31 798	
Dotation de compensation de la réforme de la taxe professionnelle (DCRTP)					**2 530**
Dotation de garantie des reversements des fonds départementaux de taxe professionnelle					**419**
Mission Relations avec les collectivités territoriales					
Dotation globale d'équipement des communes et des départements (DGE)	691	709	709	709	**
Dotation de développement rural (DDR)	128	131	131	131	**
Dotation d'équipement des territoires ruraux (DETR)					615**
Dotation globale d'équipement des départements					224
Dotation générale de décentralisation	1 093	1 433	1 433	1 505	1 504
Dotation de développement urbain			50	50	50
Dotation pour les titres sécurisés			9	19	19
Fonds de soutien aux communes touchées par le redéploiement territorial des armées			5	10	10
Dotation régisseur de police municipale		0,5	0,5	0,5	0,5
Subventions diverses		2	2	3	3
	1 912	**2 276**	**2 339**	**2 428**	**2 426**
DGD formation professionnelle (mission travail et emploi)	**1 651**	**1 686**	**1 686**	**1 702**	**1 702**
Produit des amendes de police*					**657**
Total des concours de l'État aux collectivités	**51 176**	**54 662**	**56 242**	**57 229**	**60 128**
Autres crédits :					
Subventions diverses des autres ministères	1 667	1 575	1 771	1 803	2 126
Contrepartie de divers dégrèvements législatifs	10 801	16 030	17 191	16 380	11 128
Total des concours financiers de l'État hors fiscalité transférée	**63 644**	**72 267**	**75 204**	**75 412**	**73 382**
Total des tranferts financiers de l'État aux collectivités territoriales***				**98 040**	**98 813**

Source : loi de finances pour 2011

** ne fait plus l'objet d'un prélèvement sur recettes. Le produit des amendes de police est désormais intégré au compte d'affectation spéciale « contrôle de la circulation et du stationnement routiers »*

*** la DGE des communes et la DDR ont fusionné en une nouvelle dotation, la DETR*

**** retraité des effets de la réforme de la taxe professionnelle pour le montant 2010*

6-2 Les dotations et subventions de fonctionnement

Définitions

Dotation globale de fonctionnement (DGF) :
La dotation globale de fonctionnement, instituée par la loi du 3 janvier 1979, est un prélèvement sur recettes, distribué aux collectivités locales pour la première fois en 1979. Elle a succédé au versement représentatif de la taxe sur les salaires (VRTS) versé par l'État aux collectivités locales jusqu'en 1977, en remplacement de la taxe locale supprimée en 1968.

La DGF des communes est composée d'une dotation forfaitaire et des composantes liées à la péréquation.
La dotation forfaitaire comprend la dotation de base liée au nombre d'habitants, la dotation proportionnelle à la superficie, le complément de garantie mis en place en 2005 à l'occasion de la réforme de la dotation forfaitaire, la dotation pour les communes situées au cœur d'un parc national et enfin les montants correspondant à la compensation de la suppression de la part salaires de la taxe professionnelle et à la compensation des baisses de DCTP (dotation de compensation de la taxe professionnelle).
Les dotations de péréquation sont au nombre de trois :
- la dotation de solidarité urbaine et de cohésion sociale destinée aux communes urbaines défavorisées ;
- la dotation de solidarité rurale destinée aux communes rurales défavorisées ou confrontées à des charges de centralité ;
- la dotation nationale de péréquation destinée à réduire les inégalités de ressources fiscales.

La DGF des EPCI est composée d'une dotation d'intercommunalité et d'une dotation de compensation.
La dotation d'intercommunalité est attribuée en fonction du nombre d'habitants, de la nature juridique du groupement, de son potentiel fiscal et de son intégration fiscale. Elle comprend une part péréquation (70 % du total) et une dotation de base (30 %).
La dotation de compensation correspond à la compensation de la suppression de la part salaires de la TP et à la compensation des baisses de DCTP (dotation de compensation de la taxe professionnelle).

La DGF des départements est composée d'une dotation forfaitaire, d'une dotation de compensation, et de deux dotations de péréquation.
La dotation forfaitaire comprend une dotation de base proportionnelle à la population, et un complément de garantie mis en place en 2005 à l'occasion de la réforme de la dotation forfaitaire.
La dotation de compensation retrace les ajustements financiers intervenus ces dernières années dans la relation État-départements (compensation de la suppression de la 1re part de la DGE des départements, ...).
Les dotations de péréquation sont la dotation de péréquation urbaine destinée aux départements urbains, et la dotation de fonctionnement minimale attribuée aux départements ruraux.

La DGF des régions a été créée en 2004 en regroupant certaines compensations fiscales (suppression de la compensation « part salaires » des bases de taxe professionnelle, ainsi que des parts régionales de droits de mutation à titre onéreux et de taxe d'habitation), 95 % de la dotation générale de décentralisation et l'ancien fonds de correction des déséquilibres régionaux. La DGF des régions est composée d'une dotation forfaitaire et d'une dotation de péréquation attribuée notamment en fonction du potentiel fiscal.

Présentation

La dotation globale de fonctionnement (DGF) constitue une grande partie des subventions et dotations de fonctionnement. En 2011, dans un contexte de gel de l'enveloppe normée des concours financiers de l'État aux collectivités territoriales, la DGF n'est plus formellement indexée mais son montant progresse grâce à des redéploiements à l'intérieur de l'enveloppe et des abondements externes acquis par voie d'amendement parlementaire au cours des débats du projet de loi de finances pour 2011.
Au total, le montant de la DGF représente 41,392 Md€ (41,265 Md€ avant abondements) contre 41,221 Md€ en 2010. La DGF est répartie entre communes, groupements de communes, départements et régions. Les communes et groupements de communes perçoivent 57,2 % du total, soit 23,68 Md€. Les départements reçoivent 29,6 % du total, soit 12,25 Md€ et les régions 13,2 % du total, soit 5,45 Md€.
En 2011, comme les années précédentes, les dotations de péréquation sont indexées favorablement. Les dotations de péréquation communale progressent de 6,2 %, les dotations de péréquation départementale de 3 % et la dotation de péréquation régionale de 3,5 %.

Pour en savoir plus

Consulter l'espace dédié aux dotations sur le site de la DGCL : www.dgcl.interieur.gouv.fr/sections/les_collectivites_te/finances_locales/recettes_des_collect/dotations

Dotations et subventions de fonctionnement

en millions d'euros (montants votés en loi de finances initiale -LFI-)

	2007	2008	2009	2010	2011
• Dotation globale de fonctionnement totale (hors abondements ponctuels)	39 238	40 056	40 855	41 093	41 265
• *Dotation spéciale instituteurs*	88	52,5	38	28	26
• *Dotation élu local*	62	63	65	65	65
Fonds de mobilisation départementale pour l'insertion	500	500	500	500	500
Total (y compris abondements ponctuels de la DGF)	**39 889**	**40 672**	**41 458**	**41 686**	**41 971**

Source : DGCL, bureau des concours financiers de l'État

Répartition de la DGF 2011

	DGF 2011 (en millions d'euros)	Évolution 2011/2010 (en %)
Communes et groupements de communes à fiscalité propre	**23 681**	**0,40**
Dont dotation forfaitaire des communes	13 767	- 0,68
Dotation de base	6 707	0,50
Dotation superficie	224	0,00
Dotation parc naturel	3	0,45
Complément de garantie	4 993	- 2,53
Dotation de compensations des communes	1 839	0,00
Dotation forfaitaire groupements touristiques	21	0,20
Dont dotation d'aménagement	9 892	2,00
Dotation d'intercommunalité	2 595	2,12
Dotation de compensation des EPCI	4 377	- 0,68
Dotation de solidarité urbaine	1 310	6,24
Dotation de solidarité rurale	852	6,23
Dotation nationale de péréquation	756	6,19
Départements	**12 254**	**0,54**
Dotation forfaitaire	8 034	0,33
Dotation de compensation	2 836	0,00
Dotation de péréquation urbaine	557*	0,40
Dotation de fonctionnement minimale	825*	4,85
Régions	**5 448**	**0,60**
Dotation forfaitaire	5 265	- 0,12
Dotation de péréquation	183	3,57

Source : DGCL, bureau des concours financiers de l'État

* *ces montants intègrent le changement de catégorie de l'Oise qui sort de la catégorie des départements urbains*

Répartition de la DGF entre catégories de collectivités en 2011

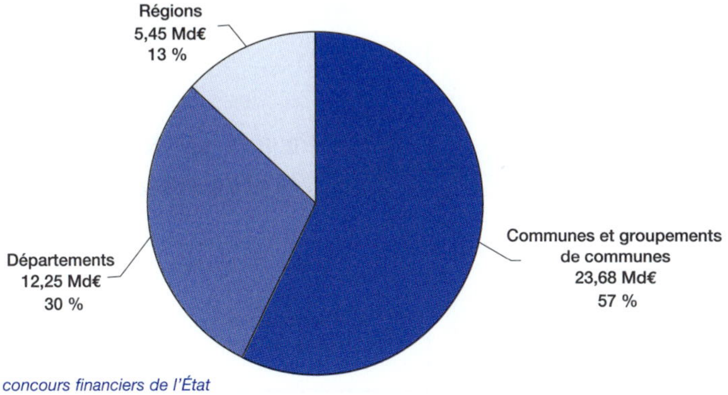

Source : DGCL, bureau des concours financiers de l'État

6-3 Les autres concours financiers de l'État

Définitions

La dotation d'équipement des territoires ruraux (DETR) a été créée par l'article 179 de la loi de finances pour 2011. Elle résulte de la fusion de la dotation globale d'équipement (DGE) des communes et de la dotation de développement rural (DDR). La DETR vise à subventionner les dépenses d'équipement des communes et groupements de communes à fiscalité propre, situés essentiellement en milieu rural. Les critères retenus sont fondés sur la population et la richesse fiscale des communes et EPCI à fiscalité propre.

La dotation globale d'équipement des départements a été créée par l'article 103 de la loi du 2 mars 1982. Ce versement est effectué chaque année par l'État aux départements ainsi qu'à la région Île-de-France qui bénéficie d'une dotation pour les lycées en agglomérations nouvelles.

Le Fonds de Compensation de la TVA (FCTVA) assure aux collectivités locales, à leurs groupements et aux établissements publics locaux, la compensation, à un taux forfaitaire, de la TVA dont elles s'acquittent pour leurs dépenses d'investissement.

Compensations : allocations annuelles versées par l'État aux collectivités locales pour compenser des pertes de recettes fiscales entraînées par les exonérations et allègements de bases décidées par voie législative. Le mécanisme de compensation dépend donc de décisions nationales.

Dégrèvements législatifs : prises en charge par l'État de tout ou partie de la contribution due par les contribuables aux collectivités locales. L'État prend intégralement à sa charge le coût des dégrèvements et verse le produit correspondant aux collectivités locales. Les dégrèvements sont inclus dans les produits des quatre taxes votés par les collectivités locales.

Présentation

En 2011 les dotations et subventions d'équipement votés en loi de finances initiale s'élèvent à 9,712 Md€[1] dont 6,040 Md€ pour le fond de compensation de la TVA. Les dotations finançant les transferts de compétences s'élèvent à 4,700 Md€[2]. La réforme de l'architecture des concours financiers de l'État en 2004 a permis d'intégrer 95 % des montants de la dotation générale de décentralisation, attribuée en compensation des charges transférées lors de la première vague de décentralisation, dans la dotation globale de fonctionnement.

Les transferts de compétences relatifs à l'acte II de la décentralisation ont eux été principalement compensés à l'aide d'un transfert de fiscalité aux collectivités locales.

Enfin, le coût des divers dégrèvements législatifs s'élève à 11,1 Md€ en 2011.

(1) Périmètre retenu : DETR (fusion de la DGE des communes et de la DDR), DDU, DGE des départements, FCTVA, subventions diverses de fonctionnement et d'équipement.

(2) Périmètre retenu : DDEC, DRES, DGES, TIPP Corse, FMDI, DGD RCT, DGD formation professionnelle.

Pour en savoir plus

Consulter l'espace dédié aux dotations sur le site de la DGCL : www.dgcl.interieur.gouv.fr/sections/les_collectivites_te/finances_locales/recettes_des_collect/dotations

Chapitre 5.6 relatif aux contributions de l'État à la fiscalité directe locale.

Dotations et subventions d'équipement

(en millions d'euros - montants votés en loi de finances initiale)

	2007	2008	2009	2010	2011
Dotation globale d'équipement	691	709	709	709	0
Dotation de développement rural	128	131	131	131	0
Dotation d'équipement des territoires ruraux (DETR)					615
Dotation globale d'équipement des départements					224
Fonds de compensation de la TVA	4 711	5 192	5 855	6 228	6 040
Produit des amendes forfaitaires de la circulation	680	650	600	640	657*
Subventions de divers ministères** (investissement + fonctionnement)	1 767	1 587	1 771	1 805	2 126
Dotation de développement urbain			50	50	50
Fonds de solidarité en faveur des collectivités territoriales victimes de catastrophes naturelles		20	10	15	0
Total	**7 977**	**8 289**	**9 126**	**9 578**	**9 712**

Source : lois de finances

** Le produit des amendes de police est désormais intégré au compte d'affectation spéciale « contrôle de la circulation et du stationnement routiers ».*

*** Depuis 2006, la ventilation entre subventions de fonctionnement et subventions d'investissement n'est plus disponible.*

Financement des transferts de compétences

(en millions d'euros - montants votés en loi de finances initiale)

	2007	2008	2009	2010	2011
Dotation générale de décentralisation	1 093	1 156	1 156	1 228	1 228
Dotation relative à la formation professionnelle	1 651	1 686	1 686	1702	1 702
Dotation régionale d'équipement scolaire (DRES) et départementale d'équipement des collèges (DDEC)	986	991	991	991	990
Dotation générale de décentralisation Corse	271	277	277	277	277
Total	**4 002**	**4 110**	**4 110**	**4 197**	**4 197**
(pour mémoire : fiscalité transférée)	*17 252*	*21 045*	*20 359*	*19 747*	*21 786**

Source : lois de finances

** nc la fiscalité transférée suite à la réforme de la taxe professionnelle*

Compensations d'exonérations et de dégrèvements législatifs (les montants 2011 intègrent les effets de la réforme de la taxe professionnelle)

(en millions d'euros - montants votés en loi de finances initiale)

	2007	2008	2009	2010	2011
Fonds de compensation de la suppression de la part salaires de la taxe professionnelle	119	100	75	40	0
Compensation des pertes de bases et redevances des mines	164	164	164	184	35
Compensation d'exonérations au titre de la TP des titulaires de bénéfices non commerciaux		362	308	279	172
Compensation d'exonérations départementales et régionale de la taxe foncière relative au non bâti agricole (hors Corse)		261	222	201	0
Dotation de compensation de la taxe professionnelle (DCTP hors RCE)	986	730	622	554	364
Réduction pour création d'établissement (RCE)	78	52	44	40	0
Autres compensations d'exonérations ajustées		1 404	1 852	2 073	1 835
Dotation pour transferts de compensation d'exonération de fiscalité directe locale					947
Compensations d'exonération	**1 347**	**3 073**	**3 287**	**3 371**	**3 353**
Contrepartie de divers dégrèvements législatifs	10 801	16 030	17 191	16 380	11 128
Total	**12 148**	**19 103**	**20 478**	**19 751**	**14 481**

Source : loi de finances pour 2011

7

LES ÉLUS LOCAUX

7-1 Les élus locaux

Définitions

Les données sont recueillies et traitées au Ministère de l'Intérieur par le Bureau des élections et des études politiques (Direction de la modernisation et de l'action territoriale).

Mandats :
Il s'agit des mandats électifs détenus en fin décembre 2010. Ces mandats résultent des élections régionales de 2010, des élections des conseils généraux partiellement renouvelés en 2008 et des élections municipales de la même année, en tenant compte des élections partielles qui ont pu intervenir depuis.

Catégories socioprofessionnelles :
Elles sont connues selon 65 postes pour la quasi-totalité des élus. Ces professions ont été reclassées selon la nomenclature des PCS de l'Insee, agrégée en 8 postes. Il subsiste un nombre important de déclarations « autres professions » qui ne peuvent être reclassées. Par ailleurs, la ventilation de la population est disponible pour les plus de 15 ans, donc au-delà de la population éligible, et comprend de plus un grand nombre de personnes en formation (« autres sans activité professionnelle »).

Présentation

Les élections municipales de mars 2008 ont conduit au renouvellement de 40,3 % des maires. Ce taux était un peu plus important en 2001 : 43,3 %.

35 % des 519 417 conseillers municipaux élus au scrutin des 9 et 16 mars 2008 sont des femmes.

Parmi les maires élus à la suite des dernières élections municipales, 5 104 sont des femmes, soit 13,9 %. Ce taux de féminisation a progressé fortement : il n'était que de 10,9 % à la suite des élections de 2001, mais avait cependant commencé à augmenter à 11,9 % à la suite des élections partielles tenues de 2001 jusqu'à 2008. Le taux de féminisation est le plus important dans les communes de moins de 3 500 habitants, il baisse ensuite pour les communes de moins de 30 000 habitants, mais il tend à augmenter au-delà avec la taille de la commune.

Au lendemain de leur élection, l'âge moyen des maires est de 56 ans et 10 mois. Aussi la catégorie la plus importante chez les maires est-elle celle des retraités (32,4 %), les agriculteurs restant fortement représentés du fait du nombre des petites communes rurales. Les conseillers généraux et les conseillers régionaux font une large place aux cadres et professions intellectuelles supérieures, tandis qu'ouvriers et employés ne retrouvent pas le poids qu'ils ont dans la population.

Pour en savoir plus

Ministère de l'Intérieur : www.interieur.gouv.fr/sections/a_votre_service/elections/view

Observatoire de la parité : www.observatoire-parite.gouv.fr/travaux/publications.htm

Nombre d'élus locaux (Métropole et DOM)

(mandats au 31/12/2010)

Mandats	Effectifs	taux de féminisation	Répartition par classe d'âge (en %)		
			moins de 40 ans	40 ans à 59 ans	60 ans et plus
Conseillers régionaux	**1 880**	48,3 %	17,2 %	62,4 %	20,4 %
Conseillers généraux	**4 042**	12,9 %	2,8 %	41,8 %	55,4 %
Maires	**36 635**	14,2 %	2,7 %	45,7 %	51,6 %

Source : Ministère de l'Intérieur, bureau des élections et des études politiques

Répartition des mandats de maire selon le sexe

(élections de 2008)

Taille de la commune	Hommes	Femmes	Total	Part des femmes en %
moins de 3 500 habitants	29 058	4 829	33 887	14,3
de 3 500 à moins de 9 000 habitants	1 610	182	1 792	10,2
de 9 000 à moins de 30 000 habitants	725	64	789	8,1
de 30 000 à moins de 100 000 habitants	189	24	213	11,3
100 000 habitants et plus	32	5	37	13,5
Total	**31 614**	**5 104**	**36 718**	**13,9**

Source : Ministère de l'Intérieur, bureau des élections et des études politiques

La catégorie socioprofessionnelle des élus locaux

(élections de 2008)

Catégorie socioprofessionnelle	Conseillers municipaux	Maires	Conseillers généraux	Conseillers régionaux*	*Population de 15 ans et plus en 2008***
Agriculteurs exploitants	11,1 %	15,6 %	5,3 %	2,9 %	*0,9 %*
Artisans, commerçants et chefs d'entreprises	8,8 %	8,0 %	8,3 %	6,4 %	*3,3 %*
Cadres et professions intellectuelles supérieures	11,9 %	15,0 %	31,4 %	32,2 %	*8,7 %*
Professions intermédiaires	11,5 %	11,0 %	14,8 %	25,6 %	*13,0 %*
Employés	20,6 %	9,2 %	5,4 %	8,9 %	*16,5 %*
Ouvriers	4,8 %	2,0 %	0,7 %	1,1 %	*13,1 %*
Autres professions	7,7 %	4,7 %	4,7 %	7,6 %	
Retraités	19,6 %	32,4 %	26,5 %	9,9 %	*30,7 %*
Autres sans activité professionnelle	4,0 %	2,0 %	2,8 %	5,4 %	*13,8 %*
Total	**100,0 %**	**100,0 %**	**100,0 %**	**100,0 %**	**100,0 %**

** Élections 2010*
*** Enquête Emploi (Insee), résultats en moyenne annuelle en France métropolitaine*
Source : Ministère de l'Intérieur, bureau des élections et des études politiques

8 LA FONCTION PUBLIQUE TERRITORIALE

8-1 La fonction publique territoriale au sein de la fonction publique

Définitions

Les 3 fonctions publiques :
La fonction publique en France comprend trois composantes (fonction publique d'État, territoriale et hospitalière). Dans le cadre d'un même statut général des fonctionnaires, chacune est régie par des dispositions particulières à caractère national.

Les emplois de la **fonction publique d'État (FPE)** se répartissent entre les administrations centrales de l'État et ses services déconcentrés.

La création de la **fonction publique territoriale (FPT)** (1984) a suivi les lois de décentralisation (1983) confiant aux collectivités locales la responsabilité de services d'intérêts locaux. La fonction publique territoriale regroupe l'ensemble des emplois des collectivités territoriales (la commune, le département, la région) et de leurs établissements publics.

La fonction publique hospitalière (FPH), telle que la définit la loi du 9 janvier 1986 regroupe, à l'exception du personnel médical (médecins, biologistes, pharmaciens et orthodontistes), l'ensemble des emplois des établissements suivants :
- les établissements d'hospitalisation publics ;
- les maisons de retraite publiques ;
- les établissements publics ou à caractère public relevant des services départementaux de l'aide sociale à l'enfance ;
- les établissements publics pour mineurs ou adultes handicapés ou inadaptés ;
- les centres d'hébergement et de réadaptation sociale publics ou à caractère public.

Emploi principal et secondaire :
Certaines personnes exercent deux (voire plusieurs) emplois dans la fonction publique. Il est fréquent qu'un agent d'une collectivité territoriale, en particulier, exerce une seconde activité dans une autre collectivité ou dans une autre fonction publique ou dans le secteur privé. L'un est l'emploi principal (en principe celui qui occupe l'essentiel du temps de la personne), l'autre, ou les autres, sont des emplois secondaires. Il s'agit le plus souvent de non-titulaires.

L'intitulé **Ministères et collectivités territoriales** dans le tableau des effectifs correspond à l'Administration de l'État (y compris la Défense) d'une part, et aux collectivités territoriales au sens strict : régions, départements (y compris préfecture de police de Paris) et communes d'autre part.

Établissements publics administratifs (EPA) : Le statut de recrutement des agents dans ces établissements est de droit public.
Sont notamment classés en EPA les universités, les établissements publics scientifiques et techniques, dont le personnel relève surtout de la FPE, les centres communaux d'action sociale, les organismes inter-communaux (FPH), les hôpitaux publics et les maisons de retraite publiques autonomes.

Présentation

Fin 2008, la fonction publique territoriale (FPT) regroupe environ 35 % des emplois de la fonction publique. Celle-ci comprend la fonction publique d'État (FPE), la fonction publique territoriale (FPT) et la fonction publique hospitalière (FPH).
Entre 1998 et 2008, les effectifs de la FPT ont progressé à un rythme plus soutenu que dans les deux autres fonctions publiques (3,4 % contre - 0,1% pour la FPE et 1,8 % pour la FPH), notamment à cause des transferts d'effectifs de la fonction publique de l'État dans le cadre de la loi relative aux libertés et responsabilités locales de 2004.

Pour en savoir plus

Rapport annuel sur l'état de la fonction publique pour l'année 2009-2010 : http://www.fonction-publique.gouv.fr

Effectifs des emplois principaux des trois fonctions publiques par statut au 31 décembre 2008

	Ministères et collectivités territoriales	EPA à recrutement de droit public	Total
Titulaires	1 583 921	90 601	1 674 522
Non-titulaires	139 074	207 249	346 323
Ouvriers d'État	44 397	1 844	46 241
Militaires et volontaires militaires	338 016	1 752	339 768
Total FPE	**2 105 408**	**301 446**	**2 406 854**
Titulaires	1 071 764	323 328	1 395 092
Non-titulaires	262 115	112 066	374 181
Assistant(e)s maternel(le)s	50 873	4 885	55 758
Total FPT	**1 384 752**	**440 279**	**1 825 031**
Titulaires		789 399	789 399
Non-titulaires		152 138	152 138
Médecins		103 505	103 505
Total FPH		**1 045 042**	**1 045 042**
Titulaires	2 655 685	1 203 328	3 859 013
Non-titulaires	401 189	471 453	872 642
Ouvriers d'État	44 397	1 844	46 241
Assistant(e)s maternel(le)s	50 873	4 885	55 758
Médecins	0	103 505	103 505
Militaires et volontaires militaires	338 016	1 752	339 768
Total 3FP	**3 490 160**	**1 786 767**	**5 276 927**

Évolution des effectifs des trois fonctions publiques entre 1998 et 2008

(en %)

	Évolution en moyenne annuelle entre 1998 et 2008	Évolution 2007-2008
Fonction publique de l'État	**- 0,1**	**- 3,1**
Fonction publique territoriale	**3,4**	**3,9**
Fonction publique hospitalière	**1,8**	**1,0**
Trois fonctions publiques	**1,3**	**0,0**

Sources : fichier de paie des agents de l'État (FGE), Insee ; enquête sur les effectifs des collectivités territoriales (Colter), Insee ; statistique annuelle des établissements de santé (SAE), Drees ; enquête SPE, DHOS.Traitement DGAFP, bureau des statistiques, des études et de l'évaluation.

*Champ : **emplois principaux**, tous statuts (y c. les volontaires militaires et apprentis), hors emplois aidés.*

FPE : métropole, DOM, COM et étranger.

FPT : métropole, DOM et St-Pierre-et-Miquelon.

FPH : métropole et DOM ; y compris internes et résidents, non-titulaires sur crédits de remplacement. Non compris les praticiens hospitalo-universitaires (recensés avec les effectifs de la FPE) et médecins libéraux.

Note : les adjoints de sécurité (Police nationale) sont intégrés à partir de 2002.

8-2 Les effectifs des collectivités locales au 31 décembre 2008

Définition

- **Personnels TOS :**
Ce sont les personnels techniciens, ouvriers et de service (TOS) relevant des compétences transférées par la loi du 13 août 2004 dans le cadre de l'accueil, de la restauration, de l'hébergement et de l'entretien général des collèges et des lycées.

Présentation

Au 31 décembre 2008, un peu plus de 2 millions de personnes sont employées par les collectivités territoriales. Cet effectif, qui inclut les assistantes maternelles, les emplois aidés, les emplois jeunes, et les apprentis est en hausse de 3,2 % en 2008 après 4,6 % en 2007.

La loi du 12 juillet 1999 relative au renforcement et à la simplification de la coopération intercommunale a favorisé l'essor de structures intercommunales. La loi relative aux libertés et responsabilités locales de 2004 (acte II de la décentralisation) transfère progressivement un certain nombre de personnels de l'État aux régions et aux départements. Il s'agit en particulier des personnels techniciens, ouvriers et de service (TOS) de l'éducation nationale ainsi que les personnels des directions départementales de l'équipement en charge du réseau routier transféré aux départements. Ces transferts sont opérés pour une grande partie sur les exercices 2007 et 2008.

La hausse des effectifs est donc importante dans les conseils régionaux (+ 35,6 %) et les conseils généraux (+ 14,3 %).

Les communes restent le premier employeur : elles emploient plus de 1,1 million de personnes. Il convient également de tenir compte dans la sphère communale des employés des intercommunalités (233 000 personnes) et des autres établissements publics (environ 144 000 emplois en sommant les autres établissements communaux et intercommunaux).

Les effectifs des organismes départementaux (384 000 personnes) et surtout des conseils régionaux (74 000) bien qu'en augmentation sensible du fait des transferts de compétence des personnels TOS, restent nettement inférieurs à ceux des organismes communaux.

Pour en savoir plus

Bis n° 75 « Évolution des effectifs dans les collectivités territoriales de fin 1998 à fin 2008 » - Août 2010 – Direction générale des collectivités locales, disponible sur le site : www.dgcl.intérieur.gouv.fr, rubrique « statistiques ».

« L'emploi dans les collectivités locales au 31 décembre 2006, 2007, 2008 » Insee Résultats N°108 Société – avril 2010, disponible sur le site de l'Insee : www.insee.fr.

Les effectifs des collectivités locales

au 31 décembre	2007	2008	2008/2007
1 - Organismes communaux	**1 246 784**	**1 243 629**	**- 0,3 %**
Communes < 2 000 habitants	178 087	178 673	
Communes 2 000 - 3 500 habitants	66 108	66 473	
Communes 3 500 - 5 000 habitants	54 917	55 065	
Communes 5 000 - 10 000 habitants	128 082	127 414	
Communes 10 000 - 20 000 habitants	146 210	145 190	
Communes 20 000 - 50 000 habitants	230 022	229 786	
Communes 50 000 - 80 000 habitants	91 692	89 451	
Communes 80 000 - 100 000 habitants	33 523	33 324	
Communes > 100 000 habitants	188 460	187 227	
Total des communes	**1 117 101**	**1 112 603**	**- 0,4 %**
Établissements publics communaux	**129 683**	**131 026**	**+ 1,0 %**
2 - Organismes intercommunaux	**236 802**	**246 015**	**+ 3,9 %**
Communautés urbaines	32 534	34 060	
Communautés d'agglomération	54 362	56 417	
Communautés de communes	62 528	65 628	
SAN	2 206	2 249	
SIVOM	11 338	11 040	
SIVU	62 927	63 751	
Total des EPCI	**225 895**	**233 145**	**+ 3,2 %**
Établissements publics intercommunaux hors EPCI	**10 907**	**12 870**	**+ 18,0 %**
3 - Organismes départementaux	**346 876**	**383 739**	**+ 10,6 %**
Départements	**246 569**	**281 717**	**+ 14,3 %**
Établissements publics départementaux	**100 307**	**102 022**	**+ 1,7 %**
4 - Régions	**54 467**	**73 843**	**+ 35,6 %**
5 - Autres (*)	**72 975**	**72 636**	**- 0,5 %**
Total	**1 957 904**	**2 019 862**	**+ 3,2 %**

Strates construites avec les populations légales 2008 de l'Insee (entrées en vigueur au 1er janvier 2011).
Source : Enquête sur les personnels des collectivités territoriales et des établissements publics locaux, Insee.
*Champ : **emplois principaux et secondaires**, tous statuts y c. les emplois aidés, assistants maternels et apprentis.*
(*) OPHLM, OPAC, associations syndicales autorisées, caisses de crédit municipal, EPIC.

Répartition des collectivités locales selon l'effectif au 31/12/2008

	Nombre de collectivités	Effectifs concernés
moins de 5 agents	29 829	66 225
de 5 à 9 agents	11 324	74 129
de 10 à 19 agents	6 505	87 371
de 20 à 49 agents	4 865	151 570
de 50 à 99 agents	2 127	148 850
de 100 à 349 agents	1 902	341 872
de 350 à 999 agents	581	330 446
de 1 000 agents et plus	312	819 399
Total	**57 445**	**2 019 862**

Source : Enquête sur les personnels des collectivités territoriales et des établissements publics locaux, Insee

8-3 Les effectifs des collectivités locales par catégorie et statut

Définitions

Catégorie :
Les fonctionnaires sont repartis selon leur grade en 3 grandes catégories hiérarchiques, désignées, en ordre décroissant, par les lettres A, B, C.
- A : fonctions de direction et de conception
- B : fonctions d'application et de maîtrise
- C : fonctions d'exécution

Emplois aidés : contrat d'accompagnement dans l'emploi (CAE), contrat d'avenir (CAV).
La loi n°2005-32 du 18 janvier 2005 de programmation pour la cohésion sociale a abrogé les dispositions relatives aux contrats emploi solidarité (CES) et aux contrats emploi consolidé (CEC) et a institué les contrats d'aide à l'emploi (CAE) et les contrats d'avenir (CAV).

Présentation

Fin 2008, plus des trois-quarts des agents titulaires et plus de sept agents sur dix parmi les agents non titulaires de la fonction publique territoriale sont des agents de catégorie C. La catégorie A regroupe 12 % des agents non titulaires et 8 % des agents titulaires.

Tout statut confondu, c'est dans les groupements d'intérêt public (37 %), les associations syndicales autorisées (19,5 %) et les autres établissements publics locaux administratifs (19 %) que les agents de catégorie A sont les mieux représentés. Ensuite viennent les centres de gestion et le CNFPT (19,4 %), les communautés d'agglomération (17 %) et les conseils généraux (15,6 %).

Les deux tiers des non titulaires sont des femmes, tandis que le taux de féminisation des titulaires est de 58 %. Largement majoritaires, les femmes sont cependant moins présentes dans les organismes intercommunaux (52,6 % de femmes) et dans les autres organismes - OPHLM, OPAC, association syndicale, caisse de crédit municipal, EPIC - (47,7 % de femmes).

Pour en savoir plus

Bis n° 75 « Évolution des effectifs dans les collectivités territoriales de fin 1998 à fin 2008 » - Août 2010 – Direction générale des collectivités locales, disponible sur le site : www.dgcl.intérieur.gouv.fr, rubrique « statistiques ».

Bis n° 69 « Synthèse des résultats des bilans sociaux 2007-2008 » - Novembre 2009 – Direction générale des collectivités locales, disponible sur le site : www.dgcl.intérieur.gouv.fr, rubrique « statistiques ».

« Les contrats aidés dans les collectivités territoriales au 31/12/2008 » - Décembre 2009 – Centre national de la fonction publique territoriale – Observatoire de l'emploi, des métiers et des compétences de la Fonction publique territoriale, disponible sur le site : www.observatoire.cnfpt.fr.

« Bilans sociaux – 6e Synthèse nationale des rapports au comité technique paritaire sur l'état des collectivités territoriales au 31/12/2007 » – Direction générale des collectivités locales, disponible sur le site : www.dgcl.intérieur.gouv.fr, rubrique « statistiques ».

Répartition par statut et catégorie hiérarchique au 31 décembre 2008

(en %)

	Titulaires			Non Titulaires		
	Catégorie hiérachique			Catégorie hiérachique		
	A	B	C	A	B	C
1 - Organismes communaux	6,0	10,3	83,6	8,1	13,1	78,8
2 - Organismes intercommunaux	10,9	14,8	74,3	20,0	22,9	57,1
3 - Organismes départementaux	12,8	24,7	62,5	21,2	24,7	54,1
4 - Organismes régionaux	8,6	5,3	86,1	19,7	3,9	76,4
5 - Autres (*)	9,1	12,0	78,9	12,0	16,1	71,9
Total	**8,1**	**13,6**	**78,3**	**11,9**	**15,8**	**72,3**

Répartition par statut et affectation - effectifs au 31 décembre 2008

	Titulaires	Non titulaires	Assistant(e)s maternel(le)s	Emplois aidés	Apprentis	Total
1 - Organismes communaux	899 271	286 208	16 280	35 123	6 747	1 243 629
2 - Organismes intercommunaux	171 601	65 507	1 203	6 696	1 000	246 015
3 - Organismes départementaux	291 824	48 047	38 313	4 653	902	383 739
4 - Organismes régionaux	58 841	13 479	-	1 317	206	73 843
5 - Autres (*)	22 259	49 290	-	814	273	72 636
Total	**1 443 796**	**462 531**	**55 796**	**48 603**	**9 136**	**2 019 862**

Taux de féminisation au 31 décembre 2008

(en %)

	Titulaires	Non titulaires	Assistant(e)s maternel(le)s	Emplois aidés	Apprentis	Total
1 - Organismes communaux	60,1	71,0	99,1	56,7	44,7	62,9
2 - Organismes intercommunaux	48,8	61,9	97,7	52,4	52,2	52,6
3 - Organismes départementaux	55,4	67,6	95,1	60,9	57,9	61,0
4 - Organismes régionaux	58,4	61,3		73,8	48,1	59,1
5 - Autres (*)	48,4	47,2		48,8	53,5	47,7
Total	**57,5**	**66,5**	**96,3**	**56,9**	**47,2**	**60,6**

Source : Enquête sur les personnels des collectivités territoriales et des établissements publics locaux, Insee
Champ : ***emplois principaux et secondaires.***
(*) OPHLM, OPAC, associations syndicales autorisées, caisses de crédit municipal, EPIC

8-4 Les effectifs des collectivités locales par filière

Définitions

Emplois aidés : contrat d'accompagnement dans l'emploi (CAE), contrat d'avenir (CAV).
La loi n°2005-32 du 18 janvier 2005 de programmation pour la cohésion sociale a abrogé les dispositions relatives aux contrats emploi solidarité (CES) et aux contrats emploi consolidé (CEC) et a institué les contrats d'aide à l'emploi (CAE) et les contrats d'avenir (CAV).

Les notions de cadre d'emploi et de filière : la loi du 26 janvier 1984 portant dispositions statutaires relatives à la fonction publique territoriale la définit ainsi « *Un cadre d'emplois regroupe les fonctionnaires soumis au même statut particulier, titulaires d'un grade leur donnant vocation à occuper un ensemble d'emplois. Chaque titulaire d'un grade a vocation à occuper certains des emplois correspondant à ce grade. Le cadre d'emplois peut regrouper plusieurs grades* ».
La loi précise que les cadres d'emplois sont répartis en catégories hiérarchiques, désignées, en ordre décroissant, par les lettres A, B, C.

- A : fonctions de direction et de conception
- B : fonctions d'application et de maîtrise
- C : fonctions d'exécution

La loi dispose que chaque cadre d'emplois est régi par un statut particulier, établi par décret en Conseil d'État.
Le statut particulier définit, pour chaque cadre d'emploi, la hiérarchie des grades, le nombre d'échelons dans chaque grade, les règles d'avancement d'échelon et de promotion au grade supérieur. Il présente un caractère national. Il est donc commun aux fonctionnaires des communes, des départements, des régions et de leurs établissements publics. Ce statut précise aussi les fonctions que peuvent exercer les fonctionnaires du cadre d'emplois.
Par commodité, ces cadres d'emplois sont regroupés en « **filières** », qui désignent le secteur d'activité commun à plusieurs d'entre eux (filière sportive, culturelle par exemple).

Présentation

Les filières technique et administrative constituent plus des deux tiers des emplois de la fonction publique territoriale. Loin derrière, viennent les filières sociale (9,1 %), d'animation (6 %) ou médico-sociale (4,4 %). Le poids de la filière technique s'est accru avec les transferts de personnels (loi LRL).
Des disparités existent suivant le type d'organisme, compte tenu de leurs responsabilités et compétences. Les conseils régionaux ont plus des trois-quarts de leurs effectifs dans la filière technique.
Mais les organismes départementaux se distinguent par leur forte part d'emplois dans les filières « incendie et secours », « sociale » et « médico-sociale ». Les organismes communaux et intercommunaux ont, toujours comparativement, une plus forte part d'emplois dans les filières d'animation et culturelle, sociale et médico-sociale.

En évolution moyenne annuelle entre 2004 et 2008, l'ensemble des effectifs croît de 4 %. La filière technique affiche une évolution moyenne de 5,3 % et 166 000 agents supplémentaires. C'est dans la filière « animation » que la croissance est la plus forte sur cette période, 6,4 % par an, soit 25 000 agents supplémentaires.

Pour en savoir plus

Bis n° 78 « Les agents sur emploi permanent dans les collectivités territoriales en 2009 » - Décembre 2010 – Direction générale des collectivités locales, disponible sur le site : www.dgcl.intérieur.gouv.fr, rubrique « statistiques ».

Bis n° 69 « Synthèse des résultats des bilans sociaux 2007-2008 » - Novembre 2009 – Direction générale des collectivités locales, disponible sur le site : www.dgcl.intérieur.gouv.fr, rubrique « statistiques ».

Répartition des effectifs des titulaires et non titulaires par type de collectivité et filières au 31/12/2008

(en %)

	1 - Organismes communaux	2 - Organismes intercommunaux	3 - Organismes départementaux	4 - Organismes régionaux	5 - Autres (*)	Total
Administrative	20,5	23,3	27,0	20,2	38,0	22,7
Technique	48,3	48,9	33,6	78,2	54,4	47,1
Culturelle	4,5	7,8	1,9	0,5	0,7	4,1
Sportive	1,3	2,0	0,2	0,0	1,1	1,1
Sociale	9,5	7,3	12,7	0,0	0,6	9,1
Médico-sociale	4,3	3,0	7,7	0,0	0,0	4,4
Médico-technique	0,0	0,1	0,6	0,0	0,2	0,1
Incendie et secours	0,0	0,0	14,4	0,0	0,0	2,6
Police	1,6	0,2	0,5	0,0	0,0	1,1
Animation	8,5	5,1	0,4	0,0	1,0	6,0
Autres	0,8	1,5	0,5	0,8	1,2	0,8
Non déterminée	0,6	0,7	0,5	0,3	2,7	0,7
Total	**100,0**	**100,0**	**100,0**	**100,0**	**100,0**	**100,0**

Source : Enquête sur les personnels des collectivités territoriales et des établissements publics locaux, Insee
Champ : emplois principaux et secondaires des titulaires et non titulaires hors emplois aidés et emplois jeunes, assistants maternels et apprentis.
(*) OPHLM, OPAC, associations syndicales autorisées, caisses de crédit municipal, EPIC

Effectifs des agents titulaires et non titulaires par filière

	2004	2005	2006	2007	2008
Administrative	387 670	399 259	410 594	422 458	431 875
Technique	731 798	744 073	765 201	838 664	898 257
Culturelle	71 508	73 341	75 404	77 861	78 795
Sportive	20 037	20 578	20 850	21 285	21 520
Sociale	161 950	165 536	167 332	172 553	173 861
Médico-sociale	75 206	77 159	79 522	82 651	84 444
Médico-technique	3 494	3 488	3 558	2 491	2 472
Incendie et secours	46 253	47 248	47 732	47 919	49 236
Police	21 413	21 866	22 245	22 033	21 644
Animation	89 779	95 834	104 629	108 828	115 160
Autres	15 440	15 272	16 370	17 014	16 114
Non déterminée	6 875	7 164	11 013	12 878	12 948
Total	**1 631 423**	**1 670 818**	**1 724 450**	**1 826 635**	**1 906 326**

Source : Enquête sur les personnels des collectivités territoriales et des établissements publics locaux, Insee
Champ : emplois principaux et secondaires des titulaires et non titulaires hors emplois aidés et emplois jeunes, assistants maternels et apprentis.

8-5 La dispersion géographique des effectifs de la fonction publique territoriale

Définition

- **Le taux d'administration** est exprimé en nombre d'agents employés pour 1 000 habitants.

Présentation

Les taux d'administration sont plus importants dans le sud et dans une certaine mesure, le sud-ouest et le centre ainsi que dans le nord de la France. De même, Paris et sa petite couronne sont bien pourvus. À l'inverse, d'autres zones ont des taux moindres comme la Bretagne et les Pays de la Loire, les départements de l'est, le bassin parisien ainsi que l'est et le sud du massif central.
Même s'il existe des différences, les effectifs de la fonction publique territoriale sont assez fortement corrélés à la population, aussi il apparaît logique de constater les plus forts effectifs dans les régions les plus peuplées.

Pour en savoir plus

« Bilans sociaux – Fiches régions 2007 » – Direction générale des collectivités locales, disponible sur le site : www.dgcl.intérieur.gouv.fr, rubrique « statistiques ».

Effectifs des collectivités territoriales par région

	2003	2004	2005	2006	2007	2008
Alsace	36 767	37 825	38 403	39 508	42 217	43 409
Aquitaine	85 166	87 500	90 432	92 896	96 928	101 435
Auvergne	36 449	36 675	36 930	38 246	39 724	42 618
Bourgogne	42 552	43 260	43 961	44 954	47 898	49 936
Bretagne	74 474	76 515	78 026	80 709	85 823	89 613
Centre	64 143	65 271	66 355	68 409	69 893	73 529
Champagne-Ardenne	34 429	34 994	35 421	36 520	37 913	39 187
Corse	9 635	10 148	10 040	10 103	10 822	11 485
Franche-comté	29 174	29 559	29 682	30 592	32 274	34 030
Île de France	360 549	365 656	369 957	380 143	396 302	405 352
Languedoc-Roussillon	73 616	75 253	77 140	79 997	84 566	87 799
Limousin	20 963	21 335	21 965	22 517	23 130	24 889
Lorraine	53 705	53 849	54 202	56 021	57 292	57 282
Midi-Pyrénées	77 209	79 068	81 119	84 244	89 204	93 872
Nord-Pas-de-Calais	112 669	115 262	117 053	120 601	128 214	129 812
Basse-Normandie	37 899	38 493	38 817	39 782	41 408	44 000
Haute-Normandie	51 554	52 131	53 228	56 443	58 687	60 758
Pays de la Loire	80 727	82 004	83 579	86 870	91 937	94 848
Picardie	47 984	48 146	49 108	50 385	53 041	55 355
Poitou-Charentes	49 044	50 610	50 528	52 378	54 845	56 934
Provence-Alpes-Côtes d'Azur	148 566	151 811	153 150	158 760	166 009	169 737
Rhônes-Alpes	150 467	153 173	156 505	161 272	172 636	178 222
Métropole	**1 677 741**	**1 708 538**	**1 735 601**	**1 791 340**	**1 880 763**	**1 944 102**
Départements d'outre-mer	69 917	68 690	69 355	72 679	77 141	75 760
France	**1 747 658**	**1 777 228**	**1 804 956**	**1 864 019**	**1 957 904**	**2 019 862**

Source : Enquête sur les personnels des collectivités territoriales et des établissements publics locaux, Insee
Champ : emplois principaux et secondaires, tous statuts y compris les emplois aidés, emplois jeunes, assistants maternels et apprentis.

Taux d'administration locale en 2008

(en nombre de personnels pour 1 000 habitants)

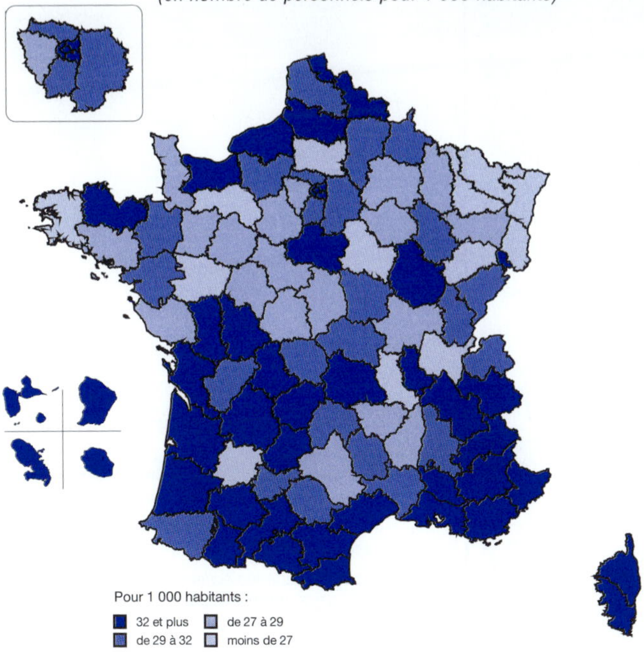

8-6 Le nombre d'agents selon la taille de la collectivité

Définition

Emplois aidés : contrat d'accompagnement dans l'emploi (CAE), contrat d'avenir (CAV).
La loi n°2005-32 du 18 janvier 2005 de programmation pour la cohésion sociale a abrogé les dispositions relatives aux contrats emploi solidarité (CES) et aux contrats emploi consolidé (CEC) et a institué les contrats d'aide à l'emploi (CAE) et les contrats d'avenir (CAV).

Présentation

La variété dans la taille des communes s'accompagne d'une variété tout aussi grande dans les conditions d'emploi des agents de la FPT. Les communes de moins de 500 habitants qui représentent plus de la moitié des communes, emploient en moyenne 3 agents. De manière assez compréhensible, le nombre d'employés est croissant en fonction de la taille de la structure. Ainsi dans les grandes communes, les effectifs peuvent s'élever à plusieurs centaines ou plusieurs milliers d'agents. On compte en moyenne 18 agents communaux pour 1000 habitants, allant de 11 agents pour 1 000 habitants, pour les communes de 500 à 2000 habitants à 25 agents pour 1 000 habitants pour la tranche des communes des 50 000 à 100 000 habitants.

Pour en savoir plus

Bis n° 78 « Les agents sur emploi permanent dans les collectivités territoriales en 2009 » Décembre 2010 – Direction générale des collectivités locales, disponible sur le site : www.dgcl.intérieur.gouv.fr, rubrique « statistiques ».

« L'emploi dans les collectivités locales au 31 décembre 2006, 2007, 2008 » Insee Résultats N°108 Société – avril 2010, disponible sur le site de l'Insee : www.insee.fr.

Effectif moyen des agents employés par les organismes communaux au 31/12/2008

Strate démographique de la commune *	Nombre de collectivités		Effectifs moyens par collectivité		Effectifs pour 1 000 hab.	
	communes	autres**	communes	autres**	communes	autres**
Moins de 500 hab.	20 899	2 013	3	4	13,8	1,7
De 500 à 1 999 hab.	11 012	3 314	11	3	10,9	1,0
De 2 000 à 3 499 hab.	1 977	1 212	34	7	12,9	1,6
De 3 500 à 4 499 hab.	876	739	63	9	15,1	1,8
De 5 000 à 9 999 hab.	999	1 075	128	14	18,5	2,1
De 10 000 à 19 999 hab.	492	643	295	33	21,2	3,1
De 20 000 à 49 999 hab.	321	519	716	60	23,5	3,2
De 50 000 à 99 999 hab.	74	135	1 659	129	25,2	3,6
De 100 000 à 299 999 hab.	32	69	2 874	226	18,7	3,2
Plus de 300 000 hab.	5	33	19 050	178	23,3	1,4
Ensemble organismes communaux	**36 687**	**9 752**	**30**	**14**	**18,1**	**2,3**

** Populations légales 2008 de l'Insee (entrées en vigueur au 1er janvier 2011)*
*** Centres communaux d'action sociale (CCAS), Caisses des écoles (CDE), autres établissements publics locaux administratifs (EPL)*
Source : Enquête sur les personnels des collectivités territoriales et des établissements publics locaux, Insee
Champ : emplois principaux et secondaires, tous statuts y c. les emplois aidés, emplois jeunes, assistants maternels et apprentis.

Effectif moyen des agents employés par les organismes départementaux de métropole au 31/12/2008

Strate démographique du département *	Nombre de collectivités		Effectifs moyens par collectivité		Effectifs pour 1 000 hab.	
	conseils généraux	autres**	conseils généraux	autres**	conseils généraux	autres**
Moins de 250 000 hab.	20	64	1 115	87	6,4	1,6
De 250 000 à moins de 500 000 hab.	26	112	1 856	121	5,3	1,5
De 500 000 à moins de 1 000 000 hab.	30	139	2 842	195	4,4	1,4
Plus de 1 000 000 hab. hors Paris	19	112	5 676	330	4,2	1,4
Ensemble des départements métropolitains hors Paris	**95**	**427**	**2 776**	**195**	**4,6**	**1,4**

** Populations légales 2008 de l'Insee (entrées en vigueur au 1er janvier 2011)*
*** Établissements publics administratifs, services départementaux d'incendie, centres de gestions et CNFPT.*
Source : Enquête sur les personnels des collectivités territoriales et des établissements publics locaux, Insee
Champ : emplois principaux et secondaires, tous statuts y c. les emplois aidés, emplois jeunes, assistants maternels et apprentis.

8-7 Les dépenses de personnel des collectivités locales

Définitions

- **Dépenses de personnel :**
Dépenses de la ligne budgétaire 012. La ligne budgétaire 012 appartient aux chapitres globalisés, les dépenses de personnel s'entendent donc au sens large et comprennent les charges de personnel correspondant au compte 64, c'est-à-dire les rémunérations, les charges de sécurité sociale et de prévoyance, les autres charges sociales (prestations directes, médecine du travail, ...) ou enfin les autres charges de personnel comme celles relatives à la cessation progressive d'activité. Les charges de personnel incluent également les impôts, taxes et versements assimilés sur rémunérations à destination de l'administration des impôts (compte 631) ou des autres organismes (compte 633), et également les charges de personnel extérieur au service (rattachement administratif, ...).

- **Personnels TOS :**
Personnels techniques, ouvriers et de service (TOS) relevant des compétences transférées par la loi du 13 août 2004 dans le cadre de l'accueil, de la restauration, de l'hébergement et de l'entretien général des collèges et des lycées.

Présentation

Les dépenses de personnel des collectivités territoriales et de leurs groupements à fiscalité propre s'élèvent à 52 Md€ en 2010. Elles progressent plus modérément avec l'achèvement des transferts. Ceux-ci ont été concentrés sur la période 2006-2008, avec, en particulier, le transfert des personnels techniques, ouvriers et de service (TOS) de l'Éducation nationale et des agents de l'Équipement en charge de l'entretien des routes nationales transférées aux départements.

En 2010, les communes ont dépensé 32,8 Md€, les départements 10,9 Md€, les groupements à fiscalité propre près de 5,5 Md€ et enfin les régions, dont les effectifs sont les plus faibles, près de 2,8 Md€.

Suivant le type de collectivité, la dynamique de croissance des dépenses de personnel reste différenciée en 2010. En effet, si pour les départements et les communes, les dépenses de personnel progressent de moins de 3 %, pour les groupements, elles augmentent de plus de 12 %. Elles témoignent ainsi de la montée en charge de l'intercommunalité au sein du secteur communal observée depuis le début des années 2000.

Pour en savoir plus

Bis n°76 « Les budgets primitifs des collectivités locales en 2010 » - Septembre 2010 – Direction générales des collectivités locales, disponible sur le site : www.dgcl.interieur.gouv.fr rubrique « statistiques ».

Rapport de l'observatoire des finances locales, « Les finances des collectivités locales en 2010 », annexe 4, disponible sur le site : www.dgcl.intérieur.gouv.fr, rubrique « statistiques ».

Dépenses de personnel
(en milliards d'euros)

	2006	2007	2008	2009*	2010**
- Régions	0,78	1,60	2,35	2,68	2,80
- Départements	7,07	8,33	9,93	10,67	10,94
- Communes	28,99	30,38	31,25	31,92	32,79
Ensemble collectivités territoriales	36,84	40,31	43,52	45,26	46,53
Groupements à fiscalité propre	3,85	4,20	4,51	4,90	5,55
Ensemble collectivités locales	**40,69**	**44,51**	**48,04**	**50,21**	**52,08**

** Premiers résultats DGFiP*
*** Estimations à partir des budgets primitifs 2009 et 2010*
Sources : DGFiP, DGCL

Les dépenses de personnel des collectivités locales de 1996 à 2010

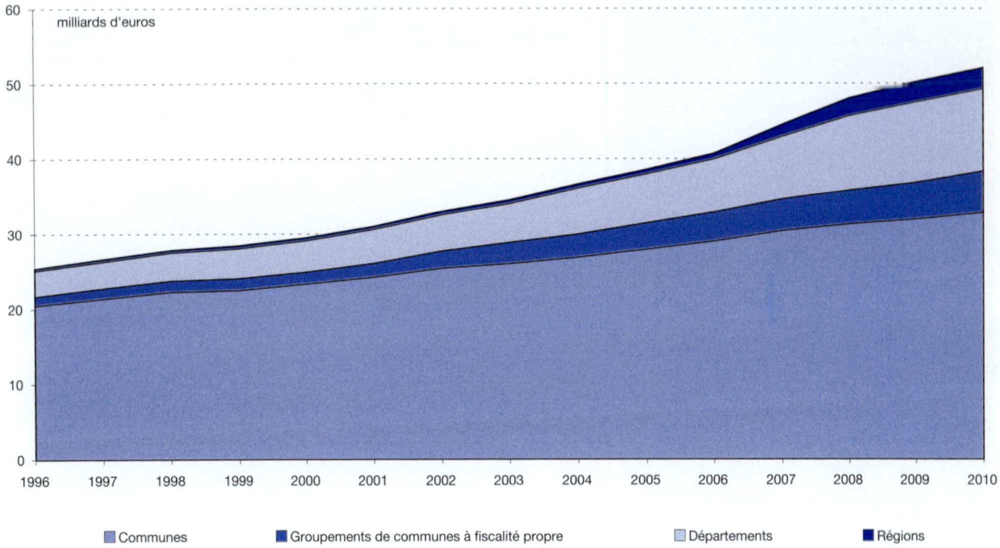

Sources : DGFiP, DGCL

8-8 Les élections professionnelles dans la fonction publique territoriale

Définitions

Commission administrative paritaire (CAP)
Une commission administrative paritaire est instituée pour chaque corps de fonctionnaires soumis au même statut particulier et ayant vocation au même grade. Elle comprend autant de membres représentant l'administration que de représentants du personnel. Les représentants titulaires et suppléants du personnel sont élus au scrutin de liste à deux tours avec représentation proportionnelle, à la plus forte moyenne. Ces commissions sont saisies de questions d'ordre individuel relatives à la carrière des agents.
En pratique dans la fonction publique territoriale, il existe une commission administrative paritaire par cadre d'emplois et par centre de gestion (cf. ci-après) et une par cadre d'emplois et par collectivité de plus de 350 agents non affiliée à un centre de gestion.

Les centres de gestion
Établissements publics à caractère administratif, les centres de gestion sont gérés par des élus des collectivités. Ils sont départementaux à l'exception de la région parisienne où deux centres interdépartementaux gèrent l'un la petite couronne (Hauts-de-Seine, Seine-Saint-Denis, Val-de-Marne), l'autre la grande couronne (Val d'Oise, Essonne, Yvelines). Les centres de gestion ont pour mission la gestion du personnel territorial et regroupent obligatoirement les collectivités et leurs établissements employant moins de 350 agents et, de façon facultative, toute autre collectivité qui le souhaite.

Présentation

Les dernières élections professionnelles dans la fonction publique territoriale ont eu lieu les 6 novembre (1er tour) et 11 décembre 2008. Sur 1 281 102 inscrits pour l'élection des commissions administratives paritaires, 780 078 agents ont voté, soit un taux de participation de 60,9 % en baisse significative par rapport aux dernières élections professionnelles de 2001. La CGT a recueilli 32,8 % des suffrages, soit un gain de 1,2 point par rapport aux dernières élections et reste la première organisation syndicale dans la FPT. La CFDT a recueilli 21,6 % des voix, contre 26,3 % en 2001. Le syndicat FO arrive en troisième position avec 18,6 % des suffrages exprimés. Ces trois organisations regroupent donc 73 % des suffrages exprimés, toutes les autres listes ont recueilli moins de 10 %.

Pour en savoir plus

Circulaire du 20 juin 2008 relative aux élections du personnel aux commissions administratives paritaires, comités techniques paritaires et comités d'hygiène et de sécurité des collectivités territoriales et de leurs établissements publics. Disponible sur le site : www.dgcl.intérieur.gouv.fr, rubrique « fonction publique territoriale ».

Résultats des élections professionnelles dans la fonction publique territoriale

	CAP du 21/12/2001		CAP du 11/12/2008	
	Suffrages exprimés	%	Suffrages exprimés	%
Inscrits	940 929		1 281 102	
Votants	622 435	66,2	780 078	60,9
Suffrages exprimés	587 802		745 903	
CFDT	154 386	26,3	161 123	21,6
CFTC	35 690	6,1	38 179	5,1
CGC	6 960	1,2	8 758	1,2
CGT	185 671	31,6	244 963	32,8
FA-FPT*	-		49 363	6,6
FO	124 874	21,2	138 682	18,6
FSU	-		22 715	3,0
SAFPT	7 143	1,2	4 983	0,7
SUD Solidaires"	7 467	1,3	23 429	3,1
UNSA*	56 402	9,6	42 407	5,7
Divers	9 209	1,6	11 302	1,5

Source : DGCL
(*) en 2001, FA-FPT et UNSA étaient réunies

Résultats aux élections professionnelles dans la fonction publique territoriale

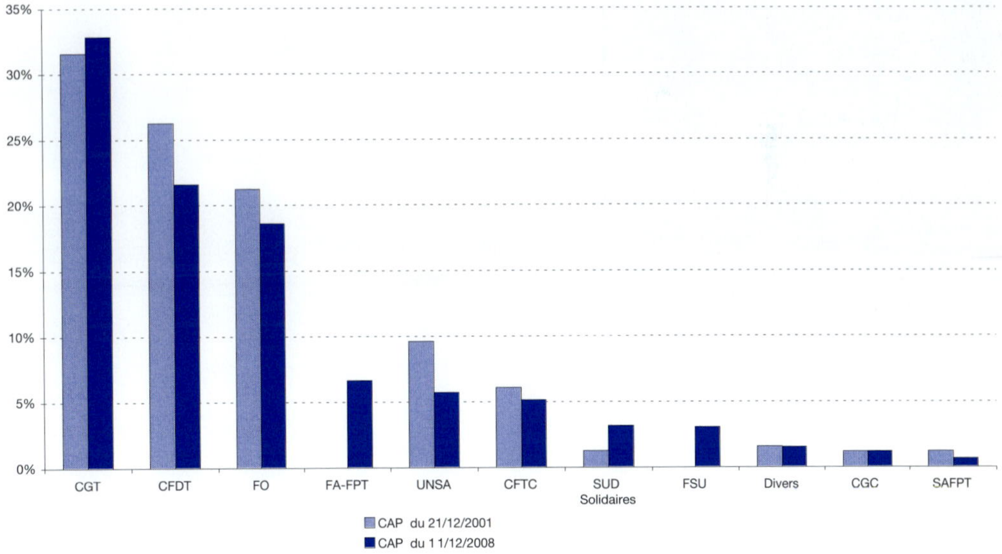

Source : DGCL

9 ÉLÉMENTS DE CONTEXTE

9-1a Le contexte européen : données économiques, territoriales et démographiques

Définition

Le PIB (produit intérieur brut)

Le PIB (produit intérieur brut) et le PIB par habitant sont des indicateurs de la production d'un pays ou d'une région en termes d'activité économique totale. Il reflète la valeur totale de tous les biens et services produits, diminué de la valeur des biens et services utilisés dans la consommation intermédiaire pour leur production. En exprimant le PIB en SPA (standards de pouvoir d'achat), on élimine les différences de niveaux de prix entre les pays, permettant des comparaisons significatives du PIB en volume entre les pays. Le PIB n'équivaut pas au revenu dont disposent en définitive les ménages d'une région.

L'indice de volume du PIB par habitant en standards de pouvoir d'achat (SPA) est exprimé par rapport à la moyenne de l'Union européenne (EU-27) fixée à 100. Il est à noter que l'indice, calculé à partir des chiffres en SPA et exprimé par rapport à EU27 = 100, est destiné aux comparaisons internationales plutôt qu'aux comparaisons temporelles.

Le SPA (standard de pouvoir d'achat)

Le SPA (standard de pouvoir d'achat) est une monnaie artificielle faisant apparaître les écarts entres les niveaux de prix nationaux. Cette unité permet des comparaisons en volume significatives des indicateurs économiques entre les pays. Les agrégats exprimés en SPA sont calculés en divisant les agrégats à prix courants et en monnaie nationale par les parités de pouvoir d'achat (PPA) respectives.

Nomenclature des unités territoriales statistiques (NUTS)

La NUTS 2006 fournit une ventilation uniforme et cohérente des unités territoriales pour la production des statistiques régionales de l'UE. La NUTS, qui privilégie les découpages institutionnels et les unités régionales à caractère général est une classification à trois niveaux.

Sans tenir compte des communes, la structure administrative des États membres repose en général sur deux niveaux principaux (Länder et Kreise en Allemagne, régions et départements en France, Comunidades autonomas et provincias en Espagne, regioni et provincie en Italie, etc.).

À un niveau plus détaillé, on trouve les districts et les communes. Il s'agit des « unités administratives locales » (UAL). Deux niveaux d'unités administratives locales ont été définis. Le niveau UAL supérieur, est défini pour la majorité des pays, mais pas pour tous. Le deuxième niveau UAL (autrefois NUTS niveau 5) consiste en environ 120 000 communes ou unités équivalentes dans les 27 États Membres de l'UE (situation 2009).

Présentation

Le PIB par habitant est supérieur en France de 8 % à la moyenne européenne, correction faite des différences de niveaux de prix. La France occupe le 11e rang en Europe, un peu devant l'Italie et l'Espagne tandis que les pays nouvellement adhérents se situent à des niveaux sensiblement en deçà de la moyenne des 27.

Parmi les régions européennes (sur 271) où le PIB par habitant dépasse la moyenne européenne de plus de 25 %, on trouve une seule région française, l'Île de France.

Alors que la population de la France représente 12,9 % de la population de l'Europe à 27, elle compte 30 % des structures territoriales existantes du niveau de la commune. Autrement dit, la taille moyenne des communes françaises est de 1 765 habitants contre 5 150 habitants dans le reste de l'Europe.

Pour en savoir plus

Les données détaillées et les métadonnées sont disponibles sur le site d'Eurostat http://epp.eurostat.ec.europa.eu thème « Économie et finances », rubrique « Comptes nationaux (PIB compris) » et thème « Population et conditions sociales », rubrique « Population ».

Les données de PIB régionaux de l'année n sont diffusées en février n+3.

Pour la liste des régions statistiques européennes, voir : http://epp.eurostat.ec.europa.eu/portal/page/portal/nuts_nomenclature/introduction

Données économiques, territoriales et démographiques

	PIB par habitant en standards de pouvoir d'achat (SPA) (EU-27 = 100)		Découpages territoriaux			Population totale (au 1er janvier)	
	2008	2009	NUTS 2 régions	NUTS 3 départements	LAU 2 communes au 01/01/2009	2009	2010
Allemagne	116	116	39	429	12 229	82 002 356	81 802 257
Autriche	124	124	9	35	2 357	8 355 260	8 375 290
Belgique	115	116	11	44	589	10 753 080(p)	10 839 905(p)
Bulgarie	44	n.d.	6	28	5 304	7 606 551	7 563 710
Chypre	97	98	1	1	615	796 875	803 147
Danemark	123	121	5	11	2 244	5 511 451	5 534 738
Espagne	103	103	19	59	8 112	45 828 172	45 989 016
Estonie	68	64	1	5	227	1 340 415	1 340 127
Finlande	118	113	5	20	348	5 326 314	5 351 427
France	**107**	**108**	**26**	**100**	**36 682**	**64 366 962**	**64 714 074(p)**
Grèce	93(p)	93(p)	13	51	6 130	11 260 402	11 305 118
Hongrie	64	65	7	20	3 152	10 030 975	10 014 324
Irlande	133	127	2	8	3 441	4 450 030	4 467 854
Italie	104	104	21	107	8 100	60 045 068	60 340 328
Lettonie	56	52	1	6	524	2 261 294	2 248 374
Lituanie	61	55	1	10	555	3 349 872	3 329 039
Luxembourg	280	271	1	1	116	493 500	502 066
Malte	78	81	1	2	68	413 609	412 970
Pays-Bas	134	131	12	40	441	16 485 787	16 574 989
Pologne	56	61	16	66	2 478	38 135 876	38 167 329
Portugal	78	80	7	30	4 260	10 627 250	10 637 713
République tchèque	81	82	8	14	6 249	10 467 542	10 506 813
Roumanie	47	46	8	42	3 180	21 498 616	21 462 186
Royaume-Uni	115	112	37	133	10 635	61 595 091(p)	62 008 048(p)
Slovaquie	72	73	4	8	2 928	5 412 254	5 424 925
Slovénie	91(b)	88(b)	2	12	210	2 032 362	2 046 976
Suède	122	118	8	21	290	9 256 347	9 340 682
Union européenne (à 27)	**100**	**100**	**271**	**1 303**	**121 464**	**499 703 311(p)**	**501 103 425(p)**

(p) valeur provisoire (b) rupture de série
Source : Eurostat

9-1b Le contexte européen : dépenses des administrations publiques

Définitions

Les administrations publiques
Le secteur des administrations publiques comprend les sous-secteurs de l'administration centrale, des administrations d'États fédérés, des administrations locales et des administrations de sécurité sociale. Le PIB utilisé comme dénominateur est le produit intérieur brut aux prix courants du marché.

Dépenses totales des administrations publiques
Les dépenses des administrations publiques sont définies dans le SEC95 § 8.99 en référence à une liste de catégories : consommation intermédiaire, formation brute de capital, rémunération des salariés, autres impôts sur la production, subventions à payer, revenus de la propriété, impôts courants sur le revenu, le patrimoine, etc., prestations sociales autres que les transferts sociaux en nature, transferts sociaux en nature correspondant aux dépenses consacrées à l'achat de produits fournis aux ménages par l'intermédiaire de producteurs marchands, autres transferts courants, ajustement pour variation des droits des ménages sur les fonds de pension, transferts de capital à payer et acquisitions moins cessions d'actifs non financiers non produits.

Formation brute de capital fixe des administrations publiques
La formation brute de capital fixe des administrations publiques (SEC95 code P.51) est égale au solde des acquisitions des producteurs résidents moins les cessions d'actifs fixes au cours d'une période donnée, augmenté de certaines plus-values sur actifs non produits découlant de l'activité de production des unités productives publiques ou institutionnelles. Les actifs fixes sont des actifs corporels ou incorporels résultant de processus de production qui sont eux-mêmes utilisés de manière répétée ou continue dans des processus de production pendant plus d'un an comme par exemple les immeubles, les machines et équipements, les véhicules, ou encore les logiciels. Cela comprend aussi certaines augmentations de la valeur des actifs non produits réalisés par l'activité productive, telles que des améliorations apportées aux sols.

Dette publique - Dette brute consolidée des administrations publiques
La dette est évaluée en valeur nominale (faciale) et la dette en monnaie étrangère est convertie en monnaie nationale en utilisant les taux de change du marché en fin d'année (bien que des règles spéciales s'appliquent aux contrats). Les données nationales pour le secteur des administrations publiques sont consolidées entre les sous-secteurs. Les données de base sont en monnaie nationale, converties en euros en utilisant les taux de change de l'euro en fin d'année fournis par la Banque centrale européenne.

Présentation

La France se caractérise par le haut niveau de la dépense publique exprimé en pourcentage de son PIB. Avec près de 56 %, elle se situe nettement au-dessus de la moyenne européenne 51 % et à un niveau proche de celui de la Suède et de la Finlande. Ceci est dû au niveau de dépense des administrations de sécurité sociale (près de 26 % du PIB) : hors celle-ci la dépense publique devient inférieure à la moyenne européenne.

Les dépenses des administrations publiques locales représentent en France 12 % du produit intérieur brut (PIB) en 2009. C'est un taux proche de la moyenne européenne mais inférieur à celui d'autres grands pays, notamment ceux d'organisation fédérale : cette proportion de dépenses locales et des entités fédérées est de 14,5 % du PIB au Royaume-Uni, de 16,6 % en Italie pour monter jusqu'à 20,7 % en Allemagne et 24,5 % en Espagne.

Ces dernières années, un mouvement général de décentralisation dans les pays de l'Union européenne a entrainé une croissance rapide du poids des dépenses des collectivités territoriales dans la dépense publique d'ensemble. La dépense locale est majoritaire dans la dépense publique au Danemark (64 %) et en Espagne (53 %), elle dépasse 40 % en Suède (48 %), en Allemagne (44 %), en Belgique (42 %) ou encore en Finlande (41 %). Ce poids des dépenses locales dans la dépense publique est de 21 % en France et de 34 % en moyenne en Europe.

Pour en savoir plus

Les données détaillées et les métadonnées sont disponibles sur le site d'Eurostat http://epp.eurostat.ec.europa.eu thème « Économie et Finances », rubrique « Secteur des Administrations publiques ».

Les comptes des administrations publiques sont établis selon les méthodes du Système européen des comptes nationaux (SEC95).

Données des finances publiques (2009) *(en % du PIB)*

	Dépenses des administrations publiques					Formation brute de capital fixe des administrations publiques	Dette publique des administrations publiques
	Administrations publiques	Administration centrale	Administrations d'États fédérés	Administrations locales	Administrations de sécurité sociale		
Allemagne	47,5	15,2	12,9	7,8	21,1	1,6	73,4
Autriche	52,3	26,6	9,9	8,2	18,0	1,1	67,5
Belgique	54,2	30,0	15,3	7,3	21,5	1,9	96,2
Bulgarie	40,6	30,2	-	8,2	14,1	4,9	14,7
Chypre	45,8	38,8	-	2,1	6,8	4,1	58,0
Danemark	58,2	41,6	-	37,4	3,4	2,0	41,4
Espagne	45,8	19,9	17,3	7,2	14,2	4,4	53,2
Estonie	45,2	32,7	-	11,4	7,1	5,1	7,2
Finlande	56,0	28,3	-	22,7	18,4	2,8	43,8
France	**56,0**	**22,9**	**-**	**12,0**	**25,9**	**3,3**	**78,1**
Grèce	53,2	40,9	-	3,1	21,3	3,4	126,8
Hongrie	50,5	33,4	-	12,0	16,4	3,1	78,4
Irlande	48,9	39,2	-	7,8	6,1	4,7	65,5
Italie	51,9	30,2	-	16,6	19,6	2,4	116,0
Lettonie	43,9	24,7	-	12,8	11,9	4,3	36,7
Lituanie	43,6	25,4	-	10,6	17,3	3,9	29,5
Luxembourg	42,2	30,2	-	5,3	18,3	3,5	14,5
Malte	43,9	43,8	-	0,6	-	2,2	68,6
Pays-Bas	51,4	30,6	-	17,6	18,4	3,9	60,8
Pologne	44,4	24,8	-	14,7	17,7	5,2	50,9
Portugal	48,2	35,4	-	7,1	12,8	2,4	76,1
République tchèque	45,9	31,5	-	12,4	6,1	5,2	35,3
Roumanie	41,0	29,4	-	10,1	12,4	5,3	23,9
Royaume-Uni	51,7	47,3	-	14,5	-	2,7	68,2
Slovaquie	41,5	23,7	-	7,2	14,5	2,3	35,4
Slovénie	49,0	30,7	-	10,1	19,0	4,6	35,4
Suède	54,9	30,8	-	26,3	7,1	3,6	41,9
Union européenne (à 27)	**50,8**	**27,7**	**4,8**	**12,3**	**16,5**	**2,9**	**74,0**

Source : Eurostat

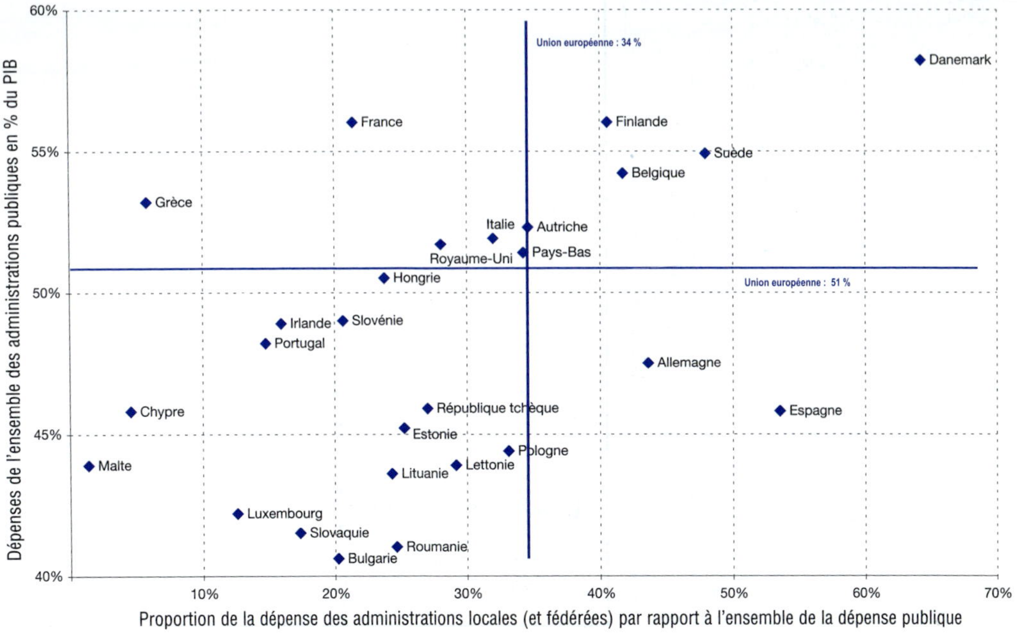

9-2a Le contexte régional : caractéristiques physiques et démographiques

Définitions

Populations légales :
Le terme générique de « populations légales » regroupe pour chaque commune sa population municipale, sa population comptée à part et sa population totale qui est la somme des deux précédentes. (cf. chapitre 2 pour les définitions)
Désormais, les populations légales sont actualisées et authentifiées par un décret chaque année.

Année de référence :
À partir de 2008, la nouvelle méthode de recensement basée sur des enquêtes de recensement annuelles permet de calculer chaque année des populations légales actualisées. Ainsi, fin 2010 ont été publiées les populations légales qui sont entrées en vigueur le 1er janvier 2011. Ces populations légales sont millésimées 2008 car elles sont calculées à partir des informations collectées lors des enquêtes de recensement de 2005 à 2010 et ramenées à une même date : celle du milieu de la période, il s'agit de l'année de référence. L'égalité de traitement entre les communes est ainsi assurée.

Présentation

Les régions françaises sont très hétérogènes en termes de taille démographique. À l'exclusion des régions d'outre-mer, de la Corse et de l'Île de France, le nombre d'habitants varie entre 740 mille habitants dans le Limousin, région la moins peuplée, et plus de 6 millions en Rhône-Alpes, région la plus peuplée.
Le nombre de structures (communes ou départements) est lui aussi très variable : de 2 à 8 départements, de 747 à 3 020 communes, selon les régions. La région Midi-Pyrénées compte 2,8 millions d'habitants, répartis sur 8 départements et 3 020 communes. L'Alsace regroupe 1,8 millions d'habitants sur 2 départements et 904 communes. Cette dernière est l'une des régions métropolitaines les plus denses avec 222 habitants/km^2 derrière l'Île-de-France et le Nord-Pas-de-Calais.

Par ailleurs les régions françaises sont soumises à des dynamiques démographiques propres. Entre 1999 et 2008, la population française a cru en moyenne chaque année de 0,7 %. Les régions du sud-ouest connaissent une croissance démographique supérieure à 1 %, suivies par les régions du littoral atlantique et méditerranéen. Dans les régions d'outre-mer, la croissance de population est particulièrement soutenue en Guyane. À l'inverse, de nombreuses régions situées dans le quart nord-est de la France ont connu des évolutions plus modestes.

Pour en savoir plus

De nombreux indicateurs régionaux sont disponibles sur le site de l'Insee : www.insee.fr

Le contexte régional : caractéristiques physiques et démographiques

	Population(1)	Taux annuel moyen de variation de la population entre 1999-2008(2) (en %)	Superficie (en km²)	Densité (en hab./km²)	Nombre de communes	Part de la population vivant dans des communes de plus de 10 000 habitants(1) (en %)	Nombre de départements
Alsace	1 837 087	0,6	8 280	222	904	42,7	2
Aquitaine	3 177 625	1,0	41 308	77	2 296	40,6	5
Auvergne	1 341 863	0,3	26 013	52	1 310	30,5	4
Bourgogne	1 638 588	0,2	31 582	52	2 046	28,1	4
Bretagne	3 149 701	0,9	27 208	116	1 270	32,1	4
Centre	2 531 588	0,4	39 151	65	1 842	36,1	6
Champagne-Ardenne	1 338 004	0,0	25 606	52	1 949	37,9	4
Corse	302 966	1,7	8 680	35	360	39,5	2
Franche-Comté	1 163 931	0,5	16 202	72	1 785	27,6	4
Languedoc-Roussillon	2 581 718	1,3	27 376	94	1 545	40,3	5
Limousin	740 743	0,5	16 942	44	747	34,0	3
Lorraine	2 346 361	0,2	23 547	100	2 339	30,6	4
Midi-Pyrénées	2 838 228	1,2	45 348	63	3 020	37,4	8
Nord-Pas-de-Calais	4 024 490	0,1	12 414	324	1 545	48,3	2
Basse-Normandie	1 467 522	0,3	17 589	83	1 812	24,1	3
Haute-Normandie	1 825 667	0,3	12 317	148	1 420	39,8	2
Pays de la Loire	3 510 170	1,0	32 082	109	1 502	38,2	5
Picardie	1 906 601	0,3	19 399	98	2 291	30,2	3
Poitou-Charentes	1 752 708	0,7	25 810	68	1 462	24,5	4
Provence-Alpes-Côte d'Azur	4 882 913	0,9	31 400	156	963	71,5	6
Rhône-Alpes	6 117 229	0,9	43 698	140	2 879	42,7	8
Métropole sauf Île-de-France	**50 475 703**	**0,7**	**531 953**	**95**	**35 287**	**40,3**	**88**
Île-de-France	11 659 260	0,7	12 012	971	1 281	83,8	8
Métropole	**62 134 963**	**0,7**	**543 965**	**114**	**36 568**	**48,5**	**96**
Guadeloupe(3)	401 784	0,4	1 703	236	32	76,7	1
Guyane	219 266	3,8	83 534	3	22	74,6	1
Martinique	397 693	0,5	1 128	353	34	74,6	1
Réunion	808 250	1,5	2 504	323	24	94,7	1
Outre-Mer	**1 826 993**	**1,3**	**88 869**	**21**	**112**	**84,0**	**4**
France	**63 961 956**	**0,7**	**632 834**	**101**	**36 680**	**49,5**	**100**

(1) population municipale entrée en vigueur au 1er janvier 2011 (millésimée 2008)
(2) population pour 1999 : population sans double compte
(3) La population de Guadeloupe pour 1999 n'inclut pas les îles de Saint-Martin et Saint-Barthélémy

Source : Insee

Taux de croissance de la population entre 1999 et 2008

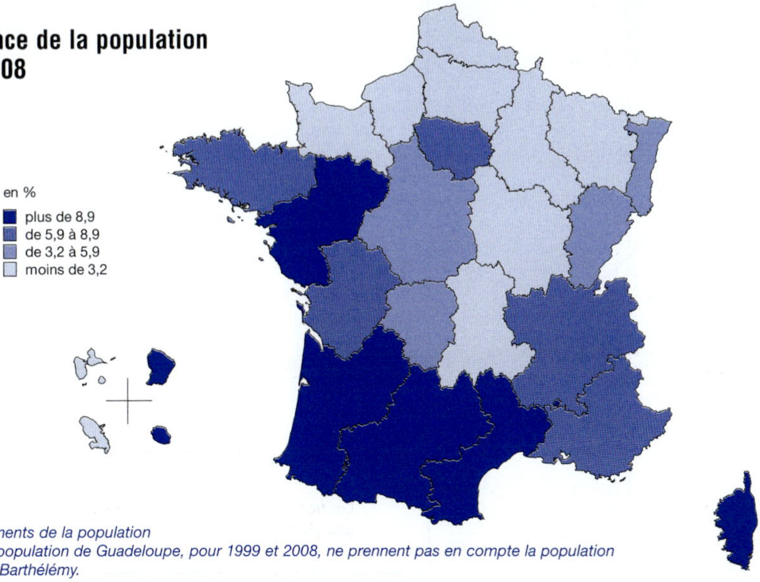

Source : Insee, recensements de la population
NB : Les données de la population de Guadeloupe, pour 1999 et 2008, ne prennent pas en compte la population de Saint-Martin et Saint-Barthélémy.

9-2b Le contexte régional Structure par âge et économie

Définitions

PIB

Agrégat représentant le résultat final de l'activité de production des unités productrices résidentes.

- le PIB est égal à la somme des valeurs ajoutées brutes des différents secteurs institutionnels ou des différentes branches d'activité, augmentée des impôts moins les subventions sur les produits (lesquels ne sont pas affectés aux secteurs et aux branches d'activité) ;
- le PIB peut également être calculé comme la somme des emplois finals intérieurs de biens et de services (consommation finale effective, formation brute de capital fixe, variations de stocks), plus les exportations, moins les importations.

Taux d'activité :

Le taux d'activité au sens du recensement de la population est le rapport entre le nombre d'actifs (actifs occupés et chômeurs) et l'ensemble de la population correspondante.

Présentation

En France, environ une personne sur quatre est âgée de moins de 20 ans, et un peu plus d'une sur cinq a plus de 60 ans. Les situations démographiques sont très contrastées entre les territoires. Ainsi la population des régions d'outre-mer est particulièrement jeune : un tiers des habitants a moins de 20 ans. À l'inverse, certaines régions (Limousin, Poitou-Charentes, etc.) comptent une proportion plus importante de personnes de plus de 60 ans. Enfin, l'Île-de-France se distingue très sensiblement des autres régions avec un poids élevé des jeunes générations et une faible proportion de personnes de plus de 60 ans. Cette structure particulière est le résultat combiné de l'attrait de la région capitale sur les populations étudiantes et actives d'une part, et d'autre part, de nombreux départs de jeunes retraités franciliens, essentiellement vers le sud ou vers leur région d'origine.

Le taux de chômage varie fortement d'une région à l'autre, avec des niveaux particulièrement importants dans les régions d'outre mer et dans une moindre mesure en Île-de-France et Midi-Pyrénées.
En matière de production de richesse, l'Île-de-France qui concentre un grand nombre d'activités à forte valeur ajoutée se distingue très nettement des autres régions françaises.

Pour en savoir plus

De nombreux indicateurs régionaux sont disponibles sur le site de l'Insee : www.insee.fr

Structure par âge et économie

	Part de la population de moins de 20 ans[1] (en %)	Part de la population de 60 ans et plus[1] (en %)	Taux d'activité des 15-64 ans[1] (en %)	Taux de chômage en 2009[2] (en %)	PIB 2009 (en millions d'euros)	PIB 2009 (en €/hab.)	PIB 2009 (en € par emploi)
Alsace	24,3	20,5	73,3	8,9	50 701	27 322	69 661
Aquitaine	22,6	25,5	71,0	8,3	85 693	26 710	70 399
Auvergne	21,7	26,7	70,8	8,3	33 174	24 680	63 915
Bourgogne	22,8	26,3	71,5	7,8	41 805	25 516	65 066
Bretagne	24,3	24,4	71,1	8,3	81 632	25 739	65 451
Centre	23,9	24,6	72,6	9,8	65 173	25 571	66 936
Champagne-Ardenne	24,6	22,6	70,9	8,6	35 779	26 768	69 482
Corse	20,4	26,6	66,3	9,5	7 279	23 800	65 247
Franche-Comté	24,8	22,9	72,2	7,9	28 083	24 042	64 199
Languedoc-Roussillon	23,3	25,9	67,3	7,8	60 523	22 984	67 677
Limousin	20,6	29,3	70,4	9,9	17 509	23 637	62 320
Lorraine	23,9	22,1	70,2	9,0	55 396	23 653	67 952
Midi-Pyrénées	22,8	24,8	71,7	12,6	76 522	26 628	68 009
Nord-Pas-de-Calais	26,9	19,5	67,1	8,8	96 839	24 025	67 078
Basse-Normandie	24,4	24,7	71,1	10,1	34 869	23 737	61 431
Haute-Normandie	25,7	21,3	71,1	8,1	48 555	26 599	69 364
Pays de la Loire	25,5	22,6	73,1	10,9	94 032	26 481	65 427
Picardie	26,1	20,4	70,8	9,0	43 725	22 894	66 735
Poitou-Charentes	22,5	26,9	71,2	10,6	42 379	24 046	64 642
Provence-Alpes-Côte d'Azur	23,3	25,6	68,8	8,5	138 002	27 855	73 833
Rhône-Alpes	25,5	21,5	72,6	9,1	181 810	29 420	72 810
Métropole sauf Île-de-France	**24,2**	**20,5**	**70,8**	**9,1**	**1 319 480**	**25 949**	**68 253**
Île-de-France	25,9	17,5	74,9	12,5	552 052	46 984	99 676
Métropole	**24,6**	**22,4**	**71,6**	**9,3**	**1 871 532**	**29 897**	**75 251**
Guadeloupe	30,2	18,1	67,2	23,7	n.d.	n.d.	n.d.
Guyane	44,4	6,2	61,5	20,5	n.d.	n.d.	n.d.
Martinique	27,7	19,8	67,9	22,0	n.d.	n.d.	n.d.
Réunion	34,4	11,9	64,5	27,2	n.d.	n.d.	n.d.
Outre-Mer	**33,3**	**14,3**	**n.d.**	**23,4**	**33 479**	**17 731**	**61 149**
France	**24,8**	**22,2**	**71,4**	**-**	**1 905 011**	**29 574**	**75 031**

(1) Estimations localisées de population au 1er janvier 2009
(2) Moyenne des taux trimestriels de l'année 2009 pour la métropole ; données issues de l'Enquête-Emploi du 2e trim 2009 pour l'Outre-mer
n.d. : donnée non disponible
Source: Insee

Part de la population de 60 ans et plus

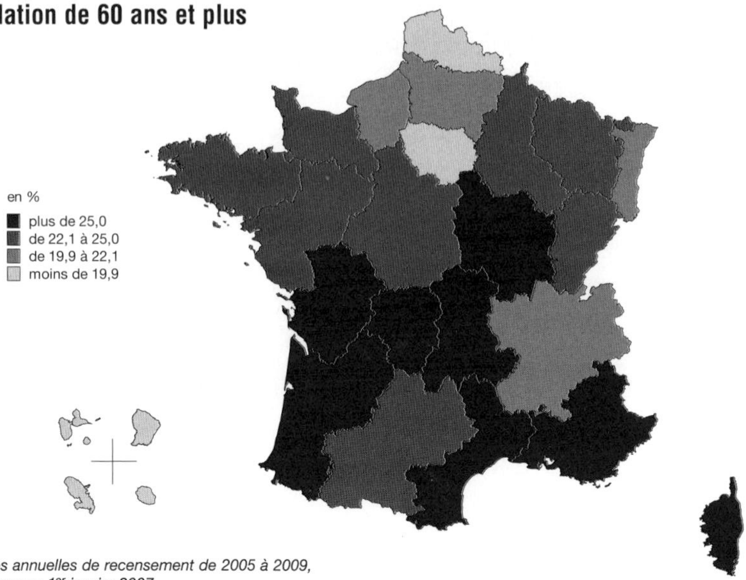

Source : Insee, enquêtes annuelles de recensement de 2005 à 2009, date de référence au 1er janvier 2007

9-3a Le contexte départemental : caractéristiques physiques, demographiques et sociales

	Départements	Population[1]	Superficie (en km²)	Densité (en hab./km²)	Nombre de communes Total	Nombre de communes Rurales (hors unités urbaines Insee)	Part de la population vivant dans des communes de plus de 10 000 habitants[1] (en %)
01	Ain	581 355	5 762	100,9	419	334	15,1
02	Aisne	538 790	7 369	73,1	816	734	30,3
03	Allier	342 807	7 340	46,7	320	281	32,2
04	Alpes-de-Haute-Pce	157 965	6 925	22,8	200	184	25,0
05	Hautes-Alpes	134 205	5 631	23,8	177	167	37,4
06	Alpes-Maritimes	1 084 428	4 299	252,3	163	101	80,4
07	Ardèche	311 452	5 529	56,3	339	295	16,1
08	Ardennes	284 197	5 236	54,3	463	423	24,7
09	Ariège	150 201	4 890	30,7	332	307	10,6
10	Aube	301 327	6 004	50,2	433	402	36,4
11	Aude	349 237	6 139	56,9	438	411	31,5
12	Aveyron	275 889	8 735	31,6	304	282	25,0
13	Bouches-du-Rhône	1 966 005	5 088	386,4	119	28	80,9
14	Calvados	678 303	5 548	122,3	706	622	28,1
15	Cantal	148 737	5 726	26,0	260	251	19,3
16	Charente	351 581	5 956	59,0	404	373	20,6
17	Charente-Maritime	611 714	6 864	89,1	472	425	24,0
18	Cher	313 251	7 235	43,3	290	268	34,4
19	Corrèze	242 896	5 857	41,5	286	269	31,2
2A	Corse-du-Sud	140 953	4 014	35,1	124	119	54,1
2B	Haute-Corse	162 013	4 666	34,7	236	216	26,8
21	Côte-d'Or	521 608	8 763	59,5	706	661	38,3
22	Côtes-d'Armor	581 570	6 878	84,6	373	308	19,4
23	Creuse	123 907	5 565	22,3	260	254	11,3
24	Dordogne	409 388	9 060	45,2	557	498	13,8
25	Doubs	522 685	5 234	99,9	594	533	36,1
26	Drôme	478 069	6 530	73,2	369	321	36,4
27	Eure	577 087	6 042	95,5	675	584	22,5
28	Eure-et-Loir	423 559	5 880	72,0	403	345	31,4
29	Finistère	890 509	6 733	132,3	283	201	37,3
30	Gard	694 323	5 853	118,6	353	267	37,8
31	Haute-Garonne	1 217 344	6 309	192,9	589	478	53,9
32	Gers	185 266	6 257	29,6	463	451	11,7
33	Gironde	1 421 276	10 000	142,1	542	408	53,0
34	Hérault	1 019 798	6 101	167,1	343	257	48,6
35	Ille-et-Vilaine	967 588	6 779	142,7	353	293	36,6
36	Indre	232 004	6 791	34,2	247	225	25,6
37	Indre-et-Loire	585 406	6 127	95,5	277	213	46,3
38	Isère	1 188 660	7 505	158,4	533	385	35,9
39	Jura	260 740	4 999	52,2	544	510	21,1
40	Landes	373 142	9 243	40,4	331	291	23,4
41	Loir-et-Cher	326 599	6 343	51,5	291	253	24,8
42	Loire	742 076	4 781	155,2	327	250	45,8
43	Haute-Loire	221 834	4 977	44,6	260	229	8,5
44	Loire-Atlantique	1 255 871	6 817	184,2	221	151	52,9
45	Loiret	650 769	6 775	96,0	334	265	40,1
46	Lot	172 796	5 217	33,1	340	322	11,6
47	Lot-et-Garonne	326 399	5 361	60,9	319	268	22,9
48	Lozère	76 973	5 167	14,9	185	179	15,8
49	Maine-et-Loire	774 823	7 166	108,1	363	295	34,4

(1) populations légales au 1er janvier 2011 (millésimée 2008)

Source : Insee

Départements		Population[1]	Superficie (en km²)	Densité (en hab./km²)	Nombre de communes: Total	Nombre de communes: Rurales (hors unités urbaines Insee)	Part de la population vivant dans des communes de plus de 10 000 habitants[1] (en %)
50	Manche	496 937	5 938	83,7	601	551	21,3
51	Marne	566 010	8 162	69,4	620	578	48,9
52	Haute-Marne	186 470	6 211	30,0	433	410	27,1
53	Mayenne	302 983	5 175	58,5	261	240	24,9
54	Meurthe-et-Moselle	729 768	5 246	139,1	594	499	31,8
55	Meuse	194 218	6 212	31,3	500	474	18,0
56	Morbihan	710 034	6 823	104,1	261	205	30,0
57	Moselle	1 042 230	6 217	167,6	730	586	38,1
58	Nièvre	220 653	6 817	32,4	312	290	22,0
59	Nord	2 564 959	5 744	446,6	650	342	55,1
60	Oise	799 725	5 860	136,5	693	573	31,7
61	Orne	292 282	6 103	47,9	505	474	19,8
62	Pas-de-Calais	1 459 531	6 671	218,8	895	651	36,3
63	Puy-de-Dôme	628 485	7 970	78,9	470	415	40,0
64	Pyrénées-Atlantiques	647 420	7 647	84,7	547	432	41,3
65	Hautes-Pyrénées	229 079	4 464	51,3	474	437	26,0
66	Pyrénées-Orientales	441 387	4 116	107,2	226	172	36,4
67	Bas-Rhin	1 091 015	4 755	229,4	527	409	44,6
68	Haut-Rhin	746 072	3 525	211,0	377	254	40,1
69	Rhône	1 690 498	3 249	520,3	293	158	68,1
70	Haute-Saône	238 548	5 360	44,5	545	509	11,2
71	Saône-et-Loire	553 968	8 575	64,6	573	509	24,9
72	Sarthe	559 587	6 206	90,2	375	317	32,6
73	Savoie	408 842	6 028	67,8	305	226	27,8
74	Haute-Savoie	716 277	4 417	162,2	294	201	37,7
75	Paris	2 211 297	105	20 980,0	1	0	100,0
76	Seine-Maritime	1 248 580	6 280	198,8	745	631	47,8
77	Seine-et-Marne	1 303 702	5 915	220,4	514	362	49,3
78	Yvelines	1 406 053	2 284	615,5	262	134	69,3
79	Deux-Sèvres	365 059	6 032	60,5	305	272	23,9
80	Somme	568 086	6 170	92,1	782	707	27,9
81	Tarn	371 738	5 758	64,6	323	280	37,1
82	Tarn-et-Garonne	235 915	3 718	63,4	195	174	34,4
83	Var	1 001 408	5 973	167,7	153	83	64,3
84	Vaucluse	538 902	3 567	151,1	151	103	54,5
85	Vendée	616 906	6 722	91,8	282	233	24,5
86	Vienne	424 354	6 991	60,7	281	251	28,9
87	Haute-Vienne	373 940	5 520	67,7	201	184	43,3
88	Vosges	380 145	5 874	64,7	515	424	14,4
89	Yonne	342 359	7 428	46,1	455	426	21,4
90	Territoire de Belfort	141 958	610	232,9	102	71	35,5
91	Essonne	1 205 850	1 805	668,2	196	83	65,2
92	Hauts-de-Seine	1 549 619	176	8 823,7	36	0	99,3
93	Seine-Saint-Denis	1 506 466	236	6 377,9	40	0	98,4
94	Val-de-Marne	1 310 876	245	5 348,8	47	0	96,2
95	Val-d'Oise	1 165 397	1 246	935,3	185	95	75,3
971	Guadeloupe	401 784	1 628	246,7	32	4	76,7
972	Martinique	397 693	1 128	352,6	34	12	74,6
973	Guyane	219 266	83 534	2,6	22	15	74,6
974	La Réunion	808 250	2 504	322,8	24	2	94,7
Métropole sauf Paris		**59 923 666**	**544 106**	**110,1**	**36 567**	**30 612**	**46,5**
Métropole		**62 134 963**	**544 212**	**114,2**	**36 568**	**30 612**	**48,4**
Outre-Mer		**1 826 993**	**88 794**	**20,6**	**112**	**33**	**84,0**
France entière		**63 961 956**	**633 006**	**101,0**	**36 680**	**30 645**	**49,4**

(1) populations légales au 1er janvier 2011 (millésimée 2008)

Source : Insee

9-3b Le contexte départemental : caractéristiques physiques, demographiques et sociales

Départements		Part de la population de 15 à 64 ans (en %)(1)	Part de la population de 75 ans et plus (en %)(1)	Taux de chômage au 31/12/2009 (en %)	Nombre de bénéficiaires du RMI et du RSA au 31/12/2009	Voirie départementale en 2009 (en km)	Kilomètres de voirie pour 1 000 habitants de 2009
01	Ain	65,0	7,4	7,7	8 717	4 450	7,6
02	Aisne	64,0	8,8	13,7	18 315	5 477	9,9
03	Allier	61,4	12,9	9,7	10 257	5 209	14,7
04	Alpes-de-Haute-Pce	61,7	10,9	10,4	3 864	2 567	16,1
05	Hautes-Alpes	62,7	10,3	7,5	2 643	1 958	14,4
06	Alpes-Maritimes	62,4	11,6	9,5	25 994	2 621	2,4
07	Ardèche	61,8	10,9	10,1	7 500	3 808	12,0
08	Ardennes	64,2	8,8	12,4	11 678	3 355	11,4
09	Ariège	61,8	12,2	11,4	5 671	2 630	17,3
10	Aube	64,1	9,3	10,0	9 582	4 507	14,6
11	Aude	61,6	11,7	12,5	16 341	4 591	13,1
12	Aveyron	60,2	13,4	6,5	4 083	5 918	20,7
13	Bouches-du-Rhône	65,0	8,8	12,0	84 964	3 063	1,6
14	Calvados	64,8	8,8	9,4	16 745	5 575	8,1
15	Cantal	61,6	13,3	5,9	3 014	4 000	25,6
16	Charente	62,6	11,4	10,3	10 469	5 110	14,2
17	Charente-Maritime	61,8	11,8	11,1	18 814	6 003	9,7
18	Cher	62,5	11,2	9,4	10 423	4 632	14,3
19	Corrèze	61,6	13,3	7,0	4 340	4 763	19,1
2A	Corse-du-Sud	64,1	10,3	9,2	2 931	1 999	14,4
2B	Haute-Corse	65,6	9,7	9,0	4 189	2 459	15,3
21	Côte-d'Or	66,1	9,0	7,8	10 261	5 890	11,1
22	Côtes-d'Armor	60,9	11,4	7,8	10 498	4 499	7,6
23	Creuse	59,9	15,3	8,2	3 245	4 353	33,9
24	Dordogne	60,9	13,1	9,7	10 826	4 968	11,9
25	Doubs	65,6	8,0	10,5	13 178	3 708	7,0
26	Drôme	63,2	9,1	10,7	13 601	4 225	8,7
27	Eure	64,8	7,6	10,2	13 059	4 379	7,5
28	Eure-et-Loir	64,2	8,7	9,1	8 614	7 495	17,3
29	Finistère	63,3	10,2	8,5	17 904	3 552	3,9
30	Gard	63,5	9,5	13,3	30 955	4 485	6,4
31	Haute-Garonne	68,3	7,4	9,5	34 122	6 646	5,5
32	Gers	60,6	13,2	6,8	3 748	3 552	18,8
33	Gironde	66,3	8,7	9,7	40 243	6 468	4,5
34	Hérault	64,8	9,4	13,6	44 075	5 110	5,0
35	Ille-et-Vilaine	65,5	8,1	7,5	17 724	5 217	5,4
36	Indre	60,8	13,0	8,6	5 046	4 977	20,7
37	Indre-et-Loire	64,6	9,5	8,6	13 093	3 849	6,5
38	Isère	65,6	7,5	8,7	24 199	5 160	4,3
39	Jura	62,5	10,3	8,8	5 064	3 542	13,2
40	Landes	62,6	10,6	9,2	8 369	4 238	11,3
41	Loir-et-Cher	61,4	11,6	8,5	7 058	3 434	10,2
42	Loire	63,0	10,1	10,0	16 594	3 795	5,0
43	Haute-Loire	61,9	10,8	7,8	3 926	3 415	15,0
44	Loire-Atlantique	65,2	8,0	8,6	28 508	4 444	3,5
45	Loiret	64,5	8,7	8,8	14 507	3 637	5,5
46	Lot	60,5	13,3	8,9	3 831	4 026	22,9
47	Lot-et-Garonne	61,2	12,2	9,9	10 114	2 944	8,8
48	Lozère	62,8	11,7	5,0	1 320	2 289	28,3
49	Maine-et-Loire	64,0	8,8	8,7	17 423	4 949	6,3

(1) Les estimations de population par âge pour l'année 2009 sont provisoires. Elles seront révisées début 2012 lorsque seront disponibles les résultats définitifs du nouveau recensement datés du 1er janvier 2009.

Source : Insee, DARES

	Départements	Part de la population de 15 à 64 ans (en %)(1)	Part de la population de 75 ans et plus (en %)(1)	Taux de chômage au 31/12/2009 (en %)	Nombre de bénéficiaires du RMI et du RSA au 31/12/2009	Voirie départementale en 2009 (en km)	Kilomètres de voirie pour 1 000 habitants de 2009
50	Manche	62,0	11,0	8,3	9 307	7 762	15,2
51	Marne	66,5	8,2	8,8	12 666	4 186	7,2
52	Haute-Marne	63,2	10,4	9,7	4 988	3 861	19,8
53	Mayenne	61,6	10,3	6,6	4 551	3 687	11,9
54	Meurthe-et-Moselle	66,5	8,5	9,7	22 304	3 286	4,4
55	Meuse	63,9	9,7	10,9	5 715	3 524	17,6
56	Morbihan	62,7	10,1	8,8	13 890	4 158	5,8
57	Moselle	66,6	8,0	10,6	27 656	4 274	4,0
58	Nièvre	60,7	13,1	9,1	6 311	4 381	19,1
59	Nord	66,2	7,2	13,1	120 208	5 312	2,0
60	Oise	66,5	6,5	9,8	19 428	4 075	5,0
61	Orne	61,7	11,3	9,3	7 155	5 818	19,2
62	Pas-de-Calais	64,9	8,0	12,9	66 297	6 191	4,2
63	Puy-de-Dôme	66,1	9,4	8,9	15 411	7 258	11,3
64	Pyrénées-Atlantiques	63,1	11,1	8,4	15 094	4 488	6,8
65	Hautes-Pyrénées	62,0	12,5	10,7	5 830	2 876	12,2
66	Pyrénées-Orientales	61,2	11,8	13,2	22 854	2 157	4,9
67	Bas-Rhin	67,2	7,5	8,7	26 998	3 654	3,3
68	Haut-Rhin	65,6	8,1	9,3	18 054	2 593	3,5
69	Rhône	66,3	7,9	9,0	42 806	3 154	1,9
70	Haute-Saône	63,5	9,3	9,7	5 257	3 367	13,8
71	Saône-et-Loire	62,2	11,5	9,1	11 643	5 278	9,3
72	Sarthe	63,0	9,7	9,4	12 640	4 292	7,5
73	Savoie	65,1	8,5	8,1	5 829	3 146	7,6
74	Haute-Savoie	66,7	6,7	8,3	9 210	2 928	4,1
75	Paris	71,3	7,4	9,3	73 022	1 627	0,7
76	Seine-Maritime	65,4	8,5	10,7	40 440	6 434	5,1
77	Seine-et-Marne	67,3	5,5	7,4	25 453	4 363	3,4
78	Yvelines	66,2	6,4	6,8	21 516	1 577	1,1
79	Deux-Sèvres	62,2	10,9	7,6	6 831	3 878	10,4
80	Somme	65,5	8,4	11,9	19 045	4 554	7,9
81	Tarn	61,4	12,2	10,7	10 097	4 132	10,9
82	Tarn-et-Garonne	62,2	10,6	11,0	7 378	2 473	10,6
83	Var	61,9	11,2	11,4	29 532	2 934	2,9
84	Vaucluse	63,5	9,2	11,5	18 374	2 337	4,3
85	Vendée	62,1	10,1	8,4	9 620	4 583	7,4
86	Vienne	64,7	9,9	8,6	12 716	4 671	10,9
87	Haute-Vienne	63,6	11,8	8,8	10 158	3 980	10,6
88	Vosges	63,8	9,8	10,8	10 479	3 221	8,2
89	Yonne	62,1	10,9	9,4	8 832	4 860	13,8
90	Territoire de Belfort	65,8	8,4	11,2	4 529	536	3,7
91	Essonne	66,6	6,1	6,9	23 207	1 375	1,1
92	Hauts-de-Seine	67,5	7,2	7,8	35 640	398	0,3
93	Seine-Saint-Denis	67,2	5,2	11,4	74 713	342	0,2
94	Val-de-Marne	67,3	6,7	8,2	38 917	422	0,3
95	Val-d'Oise	67,3	5,5	9,2	28 381	1 267	1,1
971	Guadeloupe	64,6	6,0	23,5	30 331	604	1,5
972	Martinique	65,4	6,8	22,0	29 555	630	1,6
973	Guyane	60,9	1,6	20,5	11 415	408	2,0
974	La Réunion	66,1	3,2	27,2	65 626	720	0,9
Métropole sauf Paris		**64,8**	**8,8**	--	**1 659 599**	**377 986**	**6,2**
Métropole		**65,0**	**8,8**	**7,8**	**1 732 621**	**379 613**	**6,1**
Outre-Mer		**65,0**	**4,4**	--	**136 927**	**2 361**	**1,3**
France entière		**65,0**	**8,6**	--	**1 869 548**	**381 974**	**6,0**

(1) Les estimations de population par âge pour l'année 2009 sont provisoires. Elles seront révisées début 2012 lorsque seront disponibles les résultats définitifs du nouveau recensement datés du 1er janvier 2009.

Source : Insee, DARES

10 LES SÉRIES LONGUES

10-1 Les groupements de collectivités territoriales

Évolution du nombre de groupements de collectivités territoriales

(en nombre de groupements de collectivités territoriales)

FISCALITÉ PROPRE	1992	1995	1999	2000	2002	2004	2006	2007	2008	2009*	2010*	2011*
Communautés urbaines	9	9	12	12	14	14	14	14	14	16	16	16
Communautés d'agglomération				50	120	155	164	169	171	174	181	191
SAN	9	9	9	9	8	6	6	5	5	5	5	5
Communautés de communes		756	1 347	1 533	2 032	2 286	2 389	2 400	2 393	2 406	2 409	2 387
Districts	214	324	305	241	-**	-**	-**	-**	-**	-**	-**	-**
CV		4	5	0	-**	-**	-**	-**	-**	-**	-**	-**
Nombre d'EPCI à fiscalité propre		**232**	**1 678**	**1 845**	**2 174**	**2 461**	**2 573**	**2 588**	**2 583**	**2 601**	**2 611**	**2 599**
Nombre total de communes		**11 516**	**19 128**	**21 347**	**26 870**	**31 428**	**32 923**	**33 413**	**33 636**	**34 164**	**34 774**	**35 041**
Pop. totale regroupée (en millions d'hab.)		**24,6**	**34,0**	**37,1**	**45,1**	**50,7**	**53,3**	**54,2**	**54,6**	**56,4**	**57,9**	**58,8**
dont à fiscalité professionnelle unique :												
Nombre de groupements		*48*	*111*	*306*	*745*	*1 028*	*1 162*	*1 200*	*1 224*	*1 261*	*1 302*	*1 320*
Nombre total de communes		*475*	*1 058*	*3 289*	*9 161*	*13 362*	*15 145*	*15 859*	*16 336*	*16 944*	*17 732*	*18 212*
Pop. totale regroupée (en millions d'hab.)		*3,0*	*4,2*	*13,2*	*29,7*	*37,7*	*40,9*	*41,8*	*42,4*	*44,3*	*46,4*	*47,6*
Syndicats												
SIVU	14 596	14 490	14 885	n.d.	n.d.	n.d.	12 157	12 149	11 921	11 179	10 789	10 473
SIVOM	2 478	2 298	2 165	n.d.	n.d.	n.d.	1 492	1 501	1 468	1 445	1 395	1 358
Syndicats mixtes	1 107	1 454	n.d.	n.d.	n.d.	2 687	2 749	2 921	3 064	3 194	3 257	3 268
Nombre de syndicats	**17 074**	**17 895**	**18 504**	**n.d.**	**n.d.**	**n.d.**	**16 336**	**16 399**	**16 310**	**15 688**	**15 378**	**15 099**

Source : DGCL

n.d. : non disponible

** depuis 2009, le recensement des syndicats est réalisé au 1er février.*

*** La loi du 12 juillet 1999 prévoyait la disparition des districts et des communautés de villes qui se transforment en CU, CA ou CC au 1er janvier 2002 au plus tard.*

(en milliards d'euros)	1990	1995	2000	2001	2002	2003	2004	2005	2006	2007	2008	2009
DÉPENSES	**92,5**	**117,2**	**140,5**	**144,6**	**154,8**	**164,2**	**178,4**	**188,2**	**198,5**	**212,8**	**221,9**	**228,5**
Dépenses de fonctionnement	**39,4**	**55,1**	**74,4**	**74,8**	**80,8**	**85,7**	**89,3**	**93,9**	**98,8**	**103,5**	**108,8**	**114,2**
Consommations intermédiaires	14,8	22,1	31,5	29,9	33,1	35,0	36,8	38,9	41,0	41,4	42,6	45,2
Rémunération des salariés	24,2	32,0	41,7	43,7	46,5	49,0	50,7	53,1	55,8	60,1	63,9	66,7
dont cotisations sociales imputées	0,2	0,3	0,4	0,4	0,4	0,5	0,5	0,5	0,5	0,5	0,6	0,6
Impôts sur la production	0,5	1,0	1,1	1,1	1,2	1,7	1,8	1,8	1,9	2,0	2,2	2,3
Revenus de la propriété autres que les intérêts	0,0	0,0	0,0	0,0	0,0	0,0	0,0	0,0	0,0	0,0	0,0	0,0
Impôts courants sur le revenu et le patrimoine	0,0	0,0	0,0	0,0	0,0	0,0	0,0	0,0	0,0	0,0	0,0	0,0
Intérêts	**6,9**	**6,2**	**3,7**	**5,1**	**4,2**	**3,7**	**3,5**	**3,1**	**3,7**	**4,9**	**6,1**	**4,1**
Prestations et autres transferts	**21,8**	**29,5**	**29,3**	**31,5**	**36,7**	**40,0**	**47,6**	**49,7**	**52,1**	**56,4**	**58,9**	**62,7**
Prestations sociales autres que transferts sociaux en nature	2,5	3,4	2,5	2,3	2,5	2,6	8,0	8,8	9,1	9,2	9,1	9,9
Transferts sociaux en nature de biens et services marchands	3,0	3,3	3,7	3,7	5,0	6,5	6,7	6,9	7,6	8,6	9,4	9,9
Subventions	3,4	4,8	7,3	8,4	9,8	10,5	11,6	11,9	12,6	13,8	14,3	15,0
Transferts courants entre administrations publiques	2,7	3,2	3,2	3,2	3,3	3,4	3,5	4,1	4,4	5,0	5,7	6,4
Autres transferts courants	6,0	8,9	9,6	10,8	12,0	12,3	12,8	13,4	14,2	14,6	15,1	15,5
Transferts en capital	4,1	5,9	2,9	3,1	4,2	4,6	5,0	4,5	4,3	5,2	5,4	6,1
Acquisitions nettes d'actifs non financiers	**24,4**	**26,4**	**33,1**	**33,2**	**33,0**	**34,8**	**38,0**	**41,5**	**43,9**	**48,0**	**48,1**	**47,5**
Formation brute de capital fixe	23,9	25,8	31,3	31,6	31,3	33,2	36,0	39,4	41,6	45,3	45,7	44,5
Autres acquisitions nettes d'actifs non financiers	0,5	0,6	1,9	1,6	1,7	1,6	2,0	2,1	2,2	2,7	2,5	3,0
RECETTES	**88,4**	**115,1**	**143,3**	**146,6**	**156,8**	**164,8**	**176,1**	**184,9**	**195,4**	**205,2**	**213,2**	**222,9**
Recettes de production	**11,4**	**16,8**	**24,9**	**24,8**	**26,1**	**27,2**	**28,7**	**29,6**	**32,2**	**33,3**	**34,4**	**35,2**
Production des branches marchandes et ventes résiduelles	10,3	13,8	20,2	19,9	20,9	22,1	23,8	24,9	26,2	27,3	28,3	28,9
Production pour emploi final propre	0,1	0,1	0,5	0,5	0,5	0,5	0,5	0,6	0,6	0,6	0,7	0,6
Paiements partiels des ménages	1,0	1,3	1,7	1,7	1,9	1,9	2,1	2,2	2,3	2,5	2,6	2,8
Autres subventions sur la production	0,0	1,6	2,6	2,6	2,8	2,7	2,3	2,0	3,1	2,8	2,8	2,9
Revenus de la propriété	**1,8**	**1,8**	**1,9**	**1,9**	**1,8**	**2,0**	**2,0**	**2,1**	**2,2**	**2,2**	**2,4**	**2,5**
Intérêts	0,7	0,7	0,4	0,4	0,3	0,3	0,2	0,3	0,3	0,3	0,4	0,4
Revenus de la propriété autres que les intérêts	1,1	1,1	1,5	1,5	1,5	1,7	1,8	1,8	1,9	1,9	2,0	2,1
Impôts et cotisations sociales	**49,5**	**65,0**	**74,9**	**74,8**	**76,9**	**80,4**	**88,3**	**95,6**	**102,0**	**108,4**	**113,4**	**117,0**
Impôts sur la production et les importations	34,2	43,1	51,6	51,6	52,9	55,3	63,2	69,3	73,2	79,3	81,4	83,1
Impôts courants sur le revenu et le patrimoine	8,1	11,1	9,9	10,2	10,9	11,4	12,0	12,9	13,8	14,5	15,2	16,2
Impôts en capital	0,0	0,0	0,0	0,0	0,0	0,0	0,0	0,0	0,0	0,0	0,0	0,0
Transferts de recettes fiscales	6,9	10,6	13,0	12,5	12,7	13,2	12,6	12,9	14,5	14,1	16,3	17,1
Cotisations sociales	0,2	0,3	0,4	0,4	0,4	0,5	0,5	0,5	0,5	0,5	0,6	0,6
dont cotisations sociales imputées	0,2	0,3	0,4	0,4	0,4	0,5	0,5	0,5	0,5	0,5	0,6	0,6
Impôts et cotisations dus non recouvrables nets	0,0	0,0	0,0	0,0	0,0	0,0	0,0	0,0	0,0	0,0	0,0	0,0
Autres transferts	**25,7**	**31,4**	**41,6**	**45,2**	**52,0**	**55,2**	**57,0**	**57,6**	**59,0**	**61,2**	**63,0**	**68,2**
Transferts courants entre administrations publiques	18,2	21,1	32,2	35,3	40,9	43,3	45,6	46,3	47,8	49,3	49,8	51,4
Autres transferts courants	1,7	2,9	2,2	2,2	3,0	3,8	3,2	3,0	2,8	3,0	3,2	3,1
Transferts en capital	5,8	7,5	7,1	7,7	8,1	8,1	8,2	8,2	8,4	8,9	9,9	13,7
SOLDES												
Épargne brute	18,6	22,8	31,7	30,7	31,1	31,9	32,4	34,5	36,7	36,6	34,9	34,3
Capacité (+) ou besoin (-) de financement	- 4,1	- 2,1	2,8	2,0	2,0	0,5	- 2,4	-3,3	- 3,1	- 7,6	- 8,7	- 5,6

Source : Insee, Comptes nationaux - Base 2000

10-3 Les dépenses des administrations publiques locales ventilées par fonction

Les dépenses des administrations publiques locales *(en milliards d'euros)*

	1998	1999	2000	2001	2002	2003	2004	2005	2006	2007	2008	2009
TOTAL DES DÉPENSES	**125,7**	**130,9**	**140,5**	**144,6**	**154,8**	**164,2**	**178,4**	**188,2**	**198,5**	**212,8**	**221,9**	**228,5**
Services publics généraux	30,9	32,1	34,2	34,7	32,9	30,9	32,7	34,9	36,7	38,8	42,0	41,8
Défense	0,0	0,0	0,0	0,0	0,0	0,0	0,0	0,0	0,0	0,0	0,0	0,0
Ordre et sûreté publics	2,6	2,6	2,8	3,8	4,3	4,7	4,9	5,4	5,8	6,1	6,4	6,6
Affaires économiques	20,2	19,0	21,3	18,7	20,6	21,9	23,2	24,2	24,9	26,9	27,4	28,4
Protection de l'environnement	7,6	7,7	9,1	9,6	10,4	11,4	12,4	13,6	14,5	15,3	15,1	15,6
Logement et développement urbain	15,1	17,0	20,0	21,6	24,0	25,4	27,2	28,1	29,9	32,6	33,8	34,5
Santé	1,3	1,3	1,0	1,0	1,3	1,5	1,7	1,9	1,9	2,2	2,4	2,4
Loisirs, culture et religion	10,9	11,1	12,0	13,3	15,5	17,2	18,0	19,2	20,5	21,6	22,5	23,0
Éducation	21,1	23,8	24,5	26,2	27,7	29,4	30,0	31,4	31,9	34,9	36,6	38,0
Protection sociale	16,0	16,2	15,5	15,6	18,1	21,8	28,3	29,3	32,3	34,5	35,8	38,1

Source : Insee, Comptes nationaux - Base 2000

Poids relatif des dépenses par fonction *(en %)*

	1998	1999	2000	2001	2002	2003	2004	2005	2006	2007	2008	2009
Services publics généraux	24,6	24,5	24,3	24,0	21,3	18,8	18,3	18,6	18,5	18,2	18,9	18,3
Défense	0,0	0,0	0,0	0,0	0,0	0,0	0,0	0,0	0,0	0,0	0,0	0,0
Ordre et sûreté publics	2,0	2,0	2,0	2,6	2,8	2,9	2,8	2,9	2,9	2,9	2,9	2,9
Affaires économiques	16,0	14,5	15,2	12,9	13,3	13,3	13,0	12,9	12,5	12,6	12,3	12,4
Protection de l'environnement	6,0	5,9	6,5	6,7	6,7	6,9	7,0	7,2	7,3	7,2	6,8	6,8
Logement et développement urbain	12,0	13,0	14,2	15,0	15,5	15,5	15,2	14,9	15,1	15,3	15,2	15,1
Santé	1,0	1,0	0,7	0,7	0,8	0,9	1,0	1,0	1,0	1,0	1,1	1,1
Loisirs, culture et religion	8,7	8,5	8,6	9,2	10,0	10,5	10,1	10,2	10,3	10,2	10,1	10,1
Éducation	16,8	18,2	17,5	18,1	17,9	17,9	16,8	16,7	16,1	16,4	16,5	16,6
Protection sociale	12,7	12,4	11,0	10,8	11,7	13,3	15,8	15,6	16,3	16,2	16,1	16,7

Source : Insee, Comptes nationaux - Base 2000

Part de la rémunération des salariés *(en %)*

	1998	1999	2000	2001	2002	2003	2004	2005	2006	2007	2008	2009
TOTAL DES DÉPENSES	**29,1**	**30,1**	**29,7**	**30,2**	**30,0**	**29,8**	**28,4**	**28,2**	**28,1**	**28,2**	**28,8**	**29,2**
Services publics généraux	48,9	50,1	49,7	49,9	49,6	47,8	46,5	46,0	45,5	43,7	43,1	44,9
Défense									n.s	n.s	n.s	n.s
Ordre et sûreté publics	51,3	53,3	52,6	58,8	61,0	61,5	61,7	61,7	62,9	63,1	63,5	64,1
Affaires économiques	16,6	17,5	15,6	11,9	11,9	12,1	12,0	12,5	12,5	11,9	12,4	12,8
Protection de l'environnement	11,8	13,2	13,0	13,7	12,2	14,7	14,1	13,6	13,6	14,0	14,8	14,9
Logement et développement urbain	14,0	13,1	11,8	12,4	13,8	15,4	15,4	15,6	15,2	15,5	15,9	16,2
Santé	17,2	12,9	17,2	18,8	26,9	28,2	41,6	40,7	44,6	42,6	42,0	42,1
Loisirs, culture et religion	23,1	24,2	24,1	25,9	30,1	31,2	30,9	29,9	30,5	31,2	31,9	32,2
Éducation	37,9	38,2	39,7	40,3	39,1	40,4	39,6	37,9	35,4	37,3	37,9	38,8
Protection sociale	19,0	21,2	23,1	24,1	25,9	24,8	19,7	20,4	22,9	23,7	24,1	23,4

Source : Insee, Comptes nationaux - Base 2000

Les comptes des communes 10-4

(en milliards d'euros)	1998	1999	2000	2001	2002	2003	2004	2005	2006	2007	2008	2009*
Dépenses totales	**70,43**	**72,27**	**74,66**	**76,05**	**76,48**	**76,51**	**79,88**	**82,90**	**85,80**	**90,08**	**89,86**	**91,75**
Recettes totales	**70,08**	**73,14**	**74,63**	**75,97**	**77,22**	**77,36**	**80,45**	**83,60**	**86,70**	**89,58**	**89,93**	**92,49**
Dépenses totales hors remboursements de dette	**63,76**	**65,22**	**67,50**	**68,48**	**68,88**	**70,36**	**73,39**	**76,19**	**79,73**	**84,16**	**84,23**	**86,15**
Recettes totales hors emprunts	**64,04**	**66,35**	**67,45**	**68,66**	**69,97**	**71,22**	**73,57**	**75,93**	**79,20**	**81,62**	**82,27**	**85,74**
Dépenses réelles de fonctionnement	48,46	49,17	49,29	50,07	51,89	52,18	53,38	55,53	56,92	58,86	60,95	62,03
Dépenses de fonctionnement hors intérêts de dette (1)	**45,44**	**46,40**	**46,54**	**47,26**	**49,31**	**49,75**	**51,19**	**53,43**	**54,70**	**56,55**	**58,51**	**59,82**
* achats et charges externes	11,28	11,70	12,43	12,42	13,05	13,10	13,52	13,98	14,53	14,87	15,50	15,77
* personnel	22,27	22,52	23,33	24,22	25,40	26,00	26,85	27,90	29,00	30,38	31,25	31,92
* transferts versés	9,83	9,79	8,56	8,30	8,43	8,25	8,36	8,98	8,71	8,87	9,22	9,34
Recettes de fonctionnement (2)	**57,49**	**59,42**	**59,69**	**60,34**	**61,91**	**63,06**	**64,40**	**66,10**	**67,84**	**69,66**	**70,98**	**72,71**
* impôts et taxes	31,80	32,18	31,12	32,92	33,89	34,82	36,43	37,82	39,06	40,13	41,15	42,56
- dont impôts locaux **	27,01	27,06	25,69	24,16	23,41	23,48	23,98	24,68	25,42	26,14	27,14	28,85
- dont fiscalité reversée						6,69	7,25	7,65	7,88	8,02	8,07	8,19
- autres impôts indirects et taxes	4,80	5,12	5,43	8,76	10,49	4,65	5,21	5,49	5,76	5,96	5,94	5,52
*- dont TEOM ****	*2,00*	*2,08*	*2,09*	*1,98*	*1,79*	*1,65*	*1,43*	*1,39*	*1,36*	*1,35*	*1,36*	*1,33*
* Concours de l'État (a)	15,19	15,94	16,38	14,95	15,20	15,15	18,15	18,48	18,93	19,21	19,34	19,38
- DGF	12,94	13,36	11,88	11,97	12,26	12,39	14,97	15,34	15,69	16,03	16,32	16,55
- Péréquation et compensations fiscales	n.d.	n.d.	n.d.	n.d.	n.d.	n.d.	2,81	2,74	3,24	3,18	3,02	2,83
Épargne de gestion (3) = (2) - (1)	**12,04**	**13,02**	**10,15**	**13,08**	**12,60**	**13,30**	**13,21**	**12,67**	**13,15**	**13,11**	**12,48**	**12,89**
* intérêts de dette (4)	3,02	2,78	2,75	2,81	2,58	2,43	2,20	2,11	2,23	2,31	2,44	2,21
Épargne brute (5) = (3) - (4)	**9,02**	**10,25**	**10,41**	**10,27**	**10,02**	**10,88**	**11,02**	**10,56**	**10,92**	**10,80**	**10,04**	**10,68**
Épargne nette = (5) - remboursement	2,35	3,20	3,24	2,70	2,42	4,72	4,52	3,85	4,85	4,89	4,41	5,08
Dépenses réelles d'investissement	21,96	23,09	25,37	25,99	24,58	24,33	26,50	27,37	28,88	31,22	28,92	29,72
Dépenses d'investissement hors remboursements (6)	**15,29**	**16,05**	**18,21**	**18,41**	**16,98**	**18,18**	**20,00**	**20,65**	**22,81**	**25,31**	**23,29**	**24,12**
* subventions d'équipement	0,68	0,64	0,62	0,58	0,56	0,63	0,59	-	0,86	1,16	1,08	1,37
* équipement	13,39	14,07	16,33	16,15	15,06	16,82	18,02	19,40	20,92	23,10	21,39	21,39
Recettes réelles d'investissement	12,60	13,72	14,94	15,64	15,31	14,30	16,05	17,50	18,86	19,92	18,95	19,78
Recettes d'investissement hors emprunts (7)	**6,56**	**6,93**	**7,75**	**8,32**	**8,06**	**8,16**	**9,16**	**9,84**	**11,35**	**11,96**	**11,29**	**13,03**
* dotations et subventions	4,86	4,91	5,64	5,83	6,06	6,30	6,62	7,22	7,71	8,19	8,14	10,21
Besoin ou capacité de financement = (5) + (7) - (6)	**+ 0,29**	**+ 1,13**	**- 0,05**	**+ 0,18**	**+ 1,09**	**+ 0,86**	**+ 0,18**	**- 0,25**	**- 0,53**	**- 2,55**	**- 1,97**	**- 0,41**
Variation fonds de roulement	**- 0,34**	**+ 0,87**	**- 0,03**	**- 0,08**	**+ 0,74**	**+ 0,85**	**+ 0,57**	**+ 0,70**	**+ 0,90**	**- 0,50**	**+ 0,07**	**+ 0,74**
Évolution de la dette :												
* remboursements de dette	6,67	7,04	7,17	7,57	7,60	6,15	6,50	6,71	6,07	5,92	5,63	5,60
* emprunts	6,04	6,79	7,19	7,32	7,25	6,14	6,89	7,66	7,51	7,97	7,66	6,75
* Emprunts - remboursements de dette	- 0,63	- 0,25	+ 0,02	- 0,25	- 0,35	- 0,01	+ 0,39	+ 0,95	+ 1,44	+ 2,05	+ 2,03	+ 1,15
Dette totale au 31/12	*51,64*	*51,39*	*51,41*	*51,15*	*50,80*	*50,59*	*50,94*	*52,04*	*53,43*	*55,46*	*57,49*	*58,64*
Ratios :												
Épargne de gestion / recettes de fonctionnement	20,9 %	21,9 %	22,0 %	21,7 %	20,3 %	21,1 %	20,5 %	19,2 %	19,4 %	18,8 %	17,6 %	17,7 %
Épargne brute / recettes de fonctionnement	15,7 %	17,2 %	17,4 %	17,0 %	16,2 %	17,2 %	17,1 %	16,0 %	16,1 %	15,5 %	14,1 %	14,7 %
Dette au 31/12 / recettes de fonctionnement	89,8 %	86,5 %	86,1 %	84,8 %	82,1 %	80,2 %	79,1 %	78,7 %	78,7 %	79,6 %	81,0 %	80,7 %
Annuité / recettes de fonctionnement	16,9 %	16,5 %	16,6 %	17,2 %	16,4 %	13,6 %	13,5 %	13,3 %	12,2 %	11,8 %	11,4 %	10,7 %

Source : DGFiP

Les montants sont calculés hors gestion active de la dette.

** Premiers résultats DGFiP*

*** Les impôts locaux ne comprennent pas les reversements de TP des EPCI vers les communes.*

**** Les montants de la TEOM ne prennent pas en compte les montants des groupements à fiscalité propre.*

(a) Réforme de l'architecture des concours financiers à partir de 2004

n.d. : Données non disponibles

10-5 Les comptes des groupements de communes à fiscalité propre

(en milliards d'euros)	1998	1999	2000	2001	2002	2003	2004	2005	2006	2007	2008	2009*
Dépenses totales	**9,54**	**10,56**	**13,49**	**16,63**	**19,71**	**22,82**	**25,89**	**29,18**	**30,02**	**32,50**	**33,35**	**34,06**
Recettes totales	**9,46**	**10,62**	**13,61**	**16,82**	**19,99**	**23,18**	**26,24**	**28,93**	**30,32**	**32,45**	**33,45**	**34,59**
Dépenses totales hors remboursements de dette	**8,67**	**9,68**	**12,57**	**15,55**	**18,67**	**21,71**	**24,58**	**27,75**	**28,58**	**30,96**	**31,77**	**32,52**
Recettes totales hors emprunts	**8,40**	**9,27**	**12,18**	**15,60**	**18,79**	**21,73**	**24,34**	**26,45**	**27,58**	**29,47**	**30,59**	**32,11**
Dépenses réelles de fonctionnement	5,79	6,32	8,92	11,61	14,86	16,95	19,16	21,10	21,67	22,72	23,67	24,60
Dépenses de fonctionnement hors intérêts de dette (1)	**5,35**	**5,91**	**8,49**	**11,13**	**14,41**	**16,51**	**18,73**	**20,67**	**21,17**	**22,14**	**23,00**	**24,01**
* achats et charges externes	1,55	1,76	1,94	2,32	2,90	3,32	3,71	4,07	4,41	4,58	4,87	5,07
* reversements fiscaux	0,71	0,82	2,78	4,26	6,01	7,19	7,76	8,12	8,33	8,40	8,44	8,40
* personnel	1,50	1,56	1,59	1,85	2,29	2,82	3,07	3,50	3,85	4,20	4,51	4,94
* transferts versés	1,40	1,61	1,93	2,39	2,85	2,87	3,38	4,11	3,81	4,05	4,24	4,57
Recettes de fonctionnement (2)	**7,36**	**8,06**	**10,86**	**13,92**	**17,35**	**20,25**	**22,39**	**24,10**	**25,07**	**26,19**	**27,20**	**28,65**
* impôts et taxes	5,10	5,40	7,31	9,09	10,70	12,51	13,85	14,89	15,73	16,42	17,15	18,51
- dont impôts locaux	4,23	4,40	6,22	7,51	8,61	9,85	10,85	11,58	12,31	12,84	13,40	14,46
- autres impôts indirects et taxes	0,88	1,00	1,08	1,58	2,09	2,66	3,00	3,32	3,42	3,57	3,75	4,05
- dont TEOM	*0,51*	*0,58*	*0,65*	*0,89*	*1,25*	*2,03*	*2,58*	*2,93*	*3,24*	*3,46*	*3,67*	*4,06*
* Concours de l'État (a)	1,16	1,26	1,58	2,05	2,32	2,50	6,12	6,52	6,79	7,01	7,10	7,16
- DGF	0,81	0,85	1,08	1,39	1,69	1,83	5,09	5,56	5,86	6,09	6,24	6,41
- Péréquation et compensations fiscales	n.d.	n.d.	n.d.	n.d.	n.d.	n.d.	1,00	0,92	0,93	0,89	0,86	0,75
Épargne de gestion (3) = (2) - (1)	**2,01**	**2,15**	**2,38**	**2,80**	**2,94**	**3,74**	**3,67**	**3,43**	**3,90**	**4,05**	**4,20**	**4,64**
* intérêts de dette (4)	0,44	0,41	0,43	0,49	0,45	0,44	0,43	0,43	0,50	0,59	0,67	0,60
Épargne brute (5) = (3) - (4)	**1,58**	**1,74**	**1,95**	**2,31**	**2,49**	**3,30**	**3,24**	**3,00**	**3,40**	**3,47**	**3,53**	**4,04**
Épargne nette = (5) - remboursement	0,70	0,86	1,03	1,23	1,45	2,20	1,93	1,58	1,97	1,93	1,95	2,50
Dépenses réelles d'investissement	3,75	4,24	4,57	5,02	4,85	5,87	6,73	8,08	8,34	9,78	9,68	9,45
Dépenses d'investissement hors remboursements (6)	**2,88**	**3,36**	**3,65**	**3,94**	**3,81**	**4,77**	**5,42**	**6,65**	**6,91**	**8,24**	**8,10**	**7,91**
* subventions d'équipement	0,34	0,34	0,44	0,39	0,40	0,47	0,51	0,60	0,77	1,08	1,09	1,20
* équipement	2,07	2,87	3,02	3,39	3,17	3,50	3,97	4,96	5,59	6,45	6,32	5,97
Recettes réelles d'investissement	2,10	2,56	2,74	2,89	2,64	2,92	3,85	4,83	5,25	6,26	6,25	5,94
Recettes d'investissement hors emprunts (7)	**1,04**	**1,21**	**1,31**	**1,67**	**1,45**	**1,48**	**1,94**	**2,35**	**2,51**	**3,28**	**3,39**	**3,46**
* dotations et subventions	0,60	0,80	0,82	1,02	1,00	1,06	1,29	1,55	1,85	2,21	2,49	2,59
Besoin ou capacité de financement = (5) + (7) - (6)	**- 1,13**	**- 1,29**	**- 1,31**	**- 1,04**	**- 0,92**	**- 1,09**	**- 0,25**	**- 1,30**	**- 1,00**	**- 1,49**	**- 1,18**	**-0,40**
Variation fonds de roulement	**- 0,08**	**0,06**	**0,12**	**0,18**	**0,28**	**0,36**	**0,36**	**- 0,24**	**0,30**	**- 0,05**	**0,11**	**0,54**
Évolution de la dette :												
* remboursements de dette	0,87	0,88	0,91	1,08	1,04	1,11	1,30	1,42	1,43	1,54	1,58	1,54
* emprunts	1,06	1,35	1,43	1,22	1,20	1,45	1,91	2,48	2,73	2,98	2,86	2,48
* Emprunts - remboursements de dette	0,18	0,47	0,51	0,14	0,15	0,34	0,60	1,06	1,30	1,44	1,28	0,94
Dette totale au 31/12	*9,80*	*10,27*	*10,78*	*10,93*	*11,08*	*11,42*	*12,03*	*12,25*	*13,56*	*14,84*	*16,13*	*17,07*
Ratios :												
Épargne de gestion / recettes de fonctionnement	27,3 %	26,7 %	21,9 %	20,1 %	17,0 %	18,5 %	16,4 %	14,2 %	15,6 %	15,5 %	15,4 %	16,2 %
Épargne brute / recettes de fonctionnement	21,4 %	21,6 %	17,9 %	16,6 %	14,4 %	16,3 %	14,4 %	12,4 %	13,6 %	13,2 %	13,0 %	14,1 %
Dette au 31/12 / recettes de fonctionnement	133,1 %	127,4 %	99,3 %	78,5 %	63,9 %	56,4 %	53,7 %	50,8 %	54,1 %	56,7 %	59,3 %	59,6 %
Annuité / recettes de fonctionnement	17,8 %	16,0 %	12,4 %	11,2 %	8,6 %	7,6 %	7,7 %	7,7 %	7,7 %	8,1 %	8,3 %	7,5 %

Source : DGFiP

Les montants sont calculés hors gestion active de la dette.

** Premiers résultats DGFiP*

(a) Réforme de l'architecture des concours financiers à partir de 2004

n.d. : Données non disponibles

Les comptes des communes et de leurs groupements à fiscalité propre

(en milliards d'euros)	1998	1999	2000	2001	2002	2003	2004	2005	2006	2007	2008	2009*
Dépenses totales	**79,26**	**82,01**	**85,37**	**88,42**	**90,18**	**92,14**	**98,01**	**103,96**	**107,49**	**114,18**	**114,77**	**117,41**
Recettes totales	**78,83**	**82,94**	**85,46**	**88,53**	**91,20**	**93,84**	**99,45**	**104,41**	**108,69**	**113,63**	**114,94**	**118,69**
Dépenses totales hors remboursements de dette	**71,71**	**74,08**	**77,29**	**79,77**	**81,53**	**84,89**	**90,21**	**95,82**	**99,99**	**106,73**	**107,56**	**110,27**
Recettes totales hors emprunts	**71,74**	**74,79**	**76,84**	**79,99**	**82,76**	**86,25**	**90,65**	**94,26**	**98,45**	**102,68**	**104,42**	**109,45**
Dépenses réelles de fonctionnement	53,54	54,67	55,43	57,42	60,74	61,94	64,78	68,52	70,27	73,18	76,17	78,24
Dépenses de fonctionnement hors intérêts de dette (1)	**50,09**	**51,49**	**52,25**	**54,12**	**57,71**	**59,08**	**62,16**	**65,98**	**67,54**	**70,28**	**73,07**	**75,43**
* achats et charges externes	12,84	13,46	14,37	14,73	15,94	16,42	17,23	18,05	18,94	19,45	20,37	20,83
* personnel	23,77	24,08	24,92	26,07	27,69	28,81	29,92	31,40	32,85	34,58	35,76	36,87
* transferts versés	11,22	11,41	10,49	10,69	11,28	11,12	11,74	13,09	12,52	12,91	13,47	13,92
Recettes de fonctionnement (2)	**64,14**	**66,66**	**67,78**	**70,00**	**73,25**	**76,62**	**79,55**	**82,08**	**84,59**	**87,45**	**89,74**	**92,96**
* impôts et taxes	36,91	37,58	38,43	42,01	44,59	40,64	43,03	45,06	46,91	48,52	50,23	52,88
- dont impôts locaux	31,23	31,46	31,91	31,67	32,02	33,34	34,83	36,26	37,73	38,99	40,54	43,31
- autres impôts indirects et taxes	5,67	6,12	6,51	10,34	12,57	7,30	8,21	8,80	9,17	9,53	9,69	9,57
- dont TEOM	*2,51*	*2,65*	*2,74*	*2,87*	*3,04*	*3,68*	*4,00*	*4,32*	*4,60*	*4,81*	*5,03*	*5,40*
* Concours de l'État (a)	16,35	17,20	17,97	17,00	17,53	17,65	23,86	25,00	25,71	26,22	26,44	26,54
- DGF	13,75	14,21	12,96	13,35	13,95	14,22	20,46	20,90	21,55	22,12	22,56	22,96
- Péréquation et compensations fiscales	n.d.	n.d.	n.d.	n.d.	n.d.	n.d.	3,81	3,66	4,17	4,07	3,88	3,59
Épargne de gestion (3) = (2) - (1)	**14,06**	**15,17**	**15,53**	**15,88**	**15,54**	**17,54**	**17,39**	**16,10**	**17,05**	**17,17**	**16,67**	**17,53**
* intérêts de dette (4)	3,46	3,18	3,18	3,30	3,00	2,88	2,63	2,54	2,73	2,89	3,11	2,81
Épargne brute (5) = (3) - (4)	**10,60**	**11,99**	**12,35**	**12,58**	**12,51**	**14,67**	**14,76**	**13,56**	**14,32**	**14,27**	**13,57**	**14,72**
Épargne nette = (5) - remboursement	3,05	4,06	4,27	3,93	3,86	7,42	6,96	5,42	6,82	6,82	6,36	7,58
Dépenses réelles d'investissement	25,71	27,33	29,94	31,01	29,44	30,20	33,23	35,44	37,22	41,00	38,60	39,17
Dépenses d'investissement hors remboursements (6)	**18,17**	**19,41**	**21,86**	**22,36**	**20,79**	**22,95**	**25,43**	**27,30**	**29,72**	**33,55**	**31,39**	**32,03**
* subventions d'équipement	1,03	0,98	1,06	0,97	0,97	1,10	1,10	-	1,63	2,24	2,17	2,57
* équipement	15,47	16,93	19,35	19,55	18,23	20,32	21,99	24,36	26,50	29,56	27,72	27,36
Recettes réelles d'investissement	14,69	16,28	17,68	18,53	17,95	17,23	19,90	22,33	24,11	26,18	25,20	25,73
Recettes d'investissement hors emprunts (7)	**7,60**	**8,13**	**9,06**	**9,99**	**9,51**	**9,64**	**11,11**	**12,19**	**13,87**	**15,24**	**14,68**	**16,50**
* dotations et subventions	5,46	5,72	6,46	6,85	7,06	7,36	7,91	8,77	9,56	10,41	10,63	12,80
Besoin ou capacité de financement = (5) + (7) - (6)	**0,03**	**0,71**	**- 0,44**	**0,22**	**1,22**	**1,37**	**0,44**	**- 1,56**	**- 1,53**	**- 4,04**	**- 3,14**	**- 0,81**
Variation fonds de roulement	**- 0,42**	**0,93**	**0,09**	**0,10**	**1,02**	**1,70**	**1,44**	**0,45**	**1,20**	**- 0,55**	**0,17**	**1,28**
Évolution de la dette :												
* remboursements de dette	7,54	7,93	8,08	8,65	8,64	7,26	7,80	8,14	7,50	7,45	7,21	7,14
* emprunts	7,09	8,14	8,61	8,54	8,45	7,59	8,80	10,15	10,24	10,94	10,53	9,23
* Emprunts - remboursements de dette	- 0,45	0,22	0,53	- 0,11	- 0,20	0,33	1,00	2,01	2,74	3,49	3,32	2,09
Dette totale au 31/12	*60,61*	*60,83*	*61,36*	*61,25*	*61,05*	*61,18*	*62,14*	*64,29*	*66,99*	*70,30*	*73,62*	*75,71*
Ratios :												
Épargne de gestion / recettes de fonctionnement	21,9 %	22,8 %	22,9 %	22,7 %	21,2 %	22,9 %	21,9 %	19,6 %	20,2 %	19,6 %	18,6 %	18,9 %
Épargne brute / recettes de fonctionnement	16,5 %	18,0 %	18,2 %	18,0 %	17,1 %	19,2 %	18,6 %	16,5 %	16,9 %	16,3 %	15,1 %	15,8 %
Dette au 31/12 / recettes de fonctionnement	94,5 %	91,3 %	90,5 %	87,5 %	83,3 %	79,9 %	78,1 %	78,3 %	79,2 %	80,4 %	82,0 %	81,4 %
Annuité / recettes de fonctionnement	17,2 %	16,7 %	16,6 %	17,1 %	15,9 %	13,2 %	13,1 %	13,0 %	12,1 %	11,8 %	11,5 %	10,7 %

Source : DGFiP

Les montants sont calculés hors gestion active de la dette.

** Premiers résultats DGFiP*

(a) Réforme de l'architecture des concours financiers à partir de 2004

n.d. : Données non disponibles

Attention : les données figurant ici ne correspondent pas à la somme des opérations « communes » et « groupements à fiscalité propre » : les reversements fiscaux des groupements vers les communes ont été neutralisés en dépenses comme en recettes de fonctionnement.

10-7 Les comptes des départements

(en milliards d'euros)	1998	1999	2000	2001	2002	2003	2004	2005	2006	2007	2008	2009*
Dépenses totales	**36,30**	**37,70**	**36,12**	**37,34**	**40,20**	**43,28**	**51,72**	**54,29**	**58,35**	**62,00**	**65,39**	**68,39**
Recettes totales	**36,41**	**37,96**	**36,28**	**37,03**	**40,40**	**43,82**	**51,28**	**54,42**	**58,93**	**61,39**	**64,91**	**66,99**
Dépenses totales hors remboursements de dette	**32,28**	**33,66**	**33,11**	**34,66**	**37,62**	**40,61**	**49,16**	**51,42**	**55,14**	**59,57**	**62,99**	**65,45**
Recettes totales hors emprunts	**33,30**	**34,91**	**34,62**	**35,10**	**37,77**	**40,69**	**47,91**	**50,39**	**54,79**	**57,55**	**59,63**	**61,87**
Dépenses réelles de fonctionnement	23,62	24,32	23,64	24,26	27,12	29,71	37,43	39,29	42,22	45,37	48,63	50,94
Dépenses de fonctionnement hors intérêts de dette (1)	**22,52**	**23,34**	**22,75**	**23,36**	**26,39**	**29,01**	**36,68**	**38,66**	**41,50**	**44,59**	**47,74**	**50,18**
* achats et charges externes			4,75	4,74	5,15	5,40	4,71	4,91	5,16	5,33	5,65	5,67
* personnel	3,73	3,98	4,18	4,47	4,82	5,21	6,13	6,56	7,07	8,33	9,93	10,67
* transferts versés	6,78	7,08	13,22	13,62	15,83	17,84	25,19	26,54	28,59	30,16	31,37	33,02
Recettes de fonctionnement (2)	**30,50**	**32,09**	**31,99**	**32,48**	**34,99**	**37,77**	**45,10**	**47,60**	**51,55**	**54,34**	**56,34**	**57,28**
* impôts et taxes	19,84	20,54	20,76	19,07	19,78	21,04	27,53	30,83	33,12	35,05	36,57	37,61
- dont impôts locaux	13,54	13,66	13,85	13,80	14,21	15,06	15,75	16,91	18,40	19,02	19,92	22,17
- autres impôts indirects et taxes	6,31	6,89	6,91	5,27	5,57	5,97	11,78	13,92	14,72	16,03	16,65	15,44
dont droits de mutation	*3,78*	*4,19*	*3,5*	*3,4*	*4,1*	*4,9*	*5,65*	*6,7*	*7,56*	*7,95*	*7,27*	*5,35*
dont TIPP			-	-	-	-	*4,89*	*5,29*	*5,04*	*4,94*	*5,15*	*5,49*
dont TSCA			-	-	-	-	-	*1,04*	*1,17*	*2,09*	*3,05*	*3,13*
* Concours de l'État (a)	8,84	9,30	7,06	8,70	10,01	11,02	12,90	12,41	12,93	13,20	13,32	13,44
- DGF	4,51	5,02	6,26	8,18	8,80	9,04	11,32	10,84	11,32	11,60	11,85	12,08
- Péréquation et compensations fiscales	n.d.	n.d.	n.d.	n.d.	n.d.	n.d.	1,17	1,20	1,60	1,59	1,47	1,37
Épargne de gestion (3) = (2) - (1)	**7,98**	**8,75**	**9,24**	**9,13**	**8,61**	**8,76**	**8,42**	**8,94**	**10,05**	**9,75**	**8,60**	**7,10**
* intérêts de dette (4)	1,09	0,98	0,89	0,90	0,73	0,70	0,75	0,63	0,72	0,78	0,89	0,77
Épargne brute (5) = (3) - (4)	**6,89**	**7,77**	**8,36**	**8,22**	**7,87**	**8,06**	**7,67**	**8,31**	**9,33**	**8,97**	**7,71**	**6,34**
Épargne nette = (5) - remboursement	2,87	3,73	5,34	5,54	5,29	5,39	5,11	5,44	6,13	6,54	5,31	3,40
Dépenses réelles d'investissement	12,68	13,38	12,49	13,08	13,08	13,58	14,29	15,00	16,13	16,64	16,76	17,44
Dépenses d'investissement hors remboursements (6)	**8,67**	**9,35**	**9,47**	**10,40**	**10,50**	**10,91**	**11,73**	**12,13**	**12,93**	**14,21**	**14,36**	**14,51**
* subventions d'équipement	2,91	3,40	3,57	3,92	3,79	3,88	4,42	4,52	4,81	5,38	5,50	5,52
* équipement	5,02	5,16	5,48	6,09	6,33	6,66	6,90	7,30	7,76	8,33	8,54	8,60
Recettes réelles d'investissement	5,91	5,88	4,29	4,55	5,40	6,06	6,17	6,81	7,38	7,06	8,57	9,71
Recettes d'investissement hors emprunts (7)	**2,80**	**2,82**	**2,63**	**2,61**	**2,77**	**2,93**	**2,80**	**2,78**	**3,24**	**3,21**	**3,29**	**4,59**
* dotations et subventions	2,08	2,04	2,06	2,09	2,11	2,26	2,22	2,31	2,54	2,65	2,80	4,09
Besoin ou capacité de financement = (5) + (7) - (6)	**+ 1,02**	**+ 1,24**	**+ 1,51**	**+ 0,44**	**+ 0,15**	**+ 0,08**	**- 1,25**	**- 1,03**	**- 0,35**	**- 2,03**	**- 3,36**	**- 3,58**
Variation fonds de roulement	**+ 0,11**	**+ 0,27**	**+ 0,16**	**- 0,31**	**+ 0,20**	**+ 0,54**	**- 0,44**	**+ 0,12**	**+ 0,59**	**- 0,61**	**- 0,49**	**- 1,39**
Dépenses totales collèges	2,8	2,9	3,1	3,2	3,3	3,49	3,21	3,35	3,41	3,90	4,28	4,30
Dépenses totales d'aide sociale	14,4	14,8	13,6	13,7	15,7	17,6	24,61	25,9	27,75	29,20	30,39	31,50
Évolution de la dette :												
* remboursements de dette	4,02	4,04	3,02	2,68	2,58	2,67	2,56	2,88	3,20	2,43	2,40	2,93
* emprunts	3,11	3,06	1,66	1,94	2,63	3,13	3,37	4,03	4,14	3,84	5,28	5,12
* Emprunts - remboursements de dette	- 0,91	- 0,98	- 1,35	- 0,75	+ 0,05	+ 0,46	+ 0,81	+ 1,15	+ 0,94	+ 1,41	+ 2,87	+ 2,19
Dette totale au 31/12	*21,86*	*20,68*	*19,51*	*18,67*	*18,73*	*17,36*	*18,16*	*19,26*	*20,48*	*21,90*	*24,77*	*26,95*
Ratios :												
Épargne de gestion / recettes de fonctionnement	26,2 %	27,3 %	28,9 %	28,1 %	24,6 %	23,2 %	18,7 %	18,8 %	19,5 %	17,9 %	15,3 %	12,4 %
Épargne brute / recettes de fonctionnement	22,6 %	24,2 %	26,1 %	25,3 %	22,5 %	21,3 %	17,0 %	17,5 %	18,1 %	16,5 %	13,7 %	11,1 %
Dette au 31/12 / recettes de fonctionnement	71,7 %	64,4 %	61,0 %	57,5 %	53,5 %	46,0 %	40,3 %	40,5 %	39,7 %	40,3 %	44,0 %	47,1 %
Annuité / recettes de fonctionnement	16,7 %	15,6 %	12,2 %	11,0 %	9,5 %	8,9 %	7,3 %	7,4 %	7,6 %	5,9 %	5,8 %	6,5 %

Source : DGFiP

Les montants sont calculés hors gestion active de la dette.

** Premiers résultats DGFiP*

(a) Réforme de l'architecture des concours financiers à partir de 2004

n.d. : Données non disponibles

(en milliards d'euros)	1998	1999	2000	2001	2002	2003	2004	2005	2006	2007	2008	2009*
Dépenses totales	**11,71**	**12,34**	**12,28**	**12,69**	**14,98**	**15,76**	**17,28**	**19,52**	**21,73**	**24,41**	**26,66**	**28,01**
Recettes totales	**11,90**	**12,33**	**12,30**	**12,70**	**15,18**	**15,35**	**17,13**	**19,56**	**21,57**	**24,32**	**26,18**	**27,78**
Dépenses totales hors remboursements de dette	**10,80**	**11,03**	**11,23**	**11,70**	**13,91**	**14,86**	**16,47**	**18,15**	**20,04**	**23,13**	**24,69**	**26,05**
Recettes totales hors emprunts	**10,99**	**11,55**	**11,61**	**11,94**	**13,95**	**13,91**	**15,10**	**17,45**	**18,82**	**21,50**	**22,88**	**24,13**
Dépenses réelles de fonctionnement	5,39	5,64	5,76	6,15	7,55	7,91	9,01	10,45	11,75	14,04	15,20	15,99
Dépenses de fonctionnement hors intérêts de dette (1)	**4,92**	**5,20**	**5,35**	**5,75**	**7,21**	**7,60**	**8,71**	**10,06**	**11,35**	**13,54**	**14,61**	**15,49**
* achats et charges externes	0,33	0,31	0,36	0,39	0,56	1,01	1,20	1,18	1,41	1,42	1,44	1,50
* personnel	0,34	0,37	0,40	0,43	0,47	0,52	0,57	0,62	0,78	1,60	2,35	2,68
* transferts versés	3,99	4,21	4,34	4,67	5,93	5,95	6,77	8,10	9,00	10,36	10,64	11,11
Recettes de fonctionnement (2)	**9,57**	**10,13**	**10,18**	**10,49**	**12,26**	**12,53**	**13,58**	**15,78**	**17,22**	**19,61**	**20,95**	**21,46**
* impôts et taxes	6,33	6,01	6,09	5,26	5,09	5,03	5,25	6,93	8,35	10,54	11,70	12,27
- dont impôts locaux	3,78	3,80	3,95	3,09	3,02	3,07	3,22	4,00	4,43	4,42	4,63	5,00
- autres impôts indirects et taxes	2,55	2,21	2,14	2,17	2,07	1,96	2,03	2,93	3,91	6,12	7,08	7,27
dont cartes grises			*1,37*	*1,41*	*1,50*	*1,43*	*1,48*	*1,62*	*1,83*	*1,94*	*1,96*	*1,99*
dont TIPP			-	-	-	-	-	*0,43*	*1,02*	*2,83*	*3,64*	*3,83*
* Concours de l'État (a)	2,81	2,99	2,83	2,89	4,24	4,64	7,04	8,02	8,26	8,29	8,39	8,51
- DGF	2,55	2,71	2,63	2,76	3,97	3,38	4,84	4,95	5,11	5,21	5,27	5,42
- Péréquation et compensations fiscales	n.d.	n.d.	n.d.	n.d.	n.d.	n.d.	0,22	0,24	0,23	0,21	0,22	0,20
Épargne de gestion (3) = (2) - (1)	**4,65**	**4,03**	**4,03**	**4,74**	**5,05**	**4,94**	**4,88**	**5,72**	**5,87**	**6,07**	**6,34**	**5,97**
* intérêts de dette (4)	0,47	0,44	0,41	0,40	0,34	0,31	0,31	0,39	0,40	0,50	0,60	0,50
Épargne brute (5) = (3) - (4)	**4,17**	**4,49**	**4,42**	**4,34**	**4,71**	**4,63**	**4,57**	**5,33**	**5,47**	**5,57**	**5,75**	**5,47**
Épargne nette = (5) - remboursement	3,26	3,18	3,36	3,35	3,64	3,72	3,76	3,96	3,78	4,30	3,78	3,51
Dépenses réelles d'investissement	6,32	6,70	6,52	6,54	7,42	7,86	8,27	9,08	9,98	10,37	11,46	12,02
Dépenses d'investissement hors remboursements (6)	**5,40**	**5,40**	**5,46**	**5,55**	**6,36**	**6,95**	**7,46**	**7,70**	**8,29**	**9,09**	**9,49**	**10,06**
* subventions d'équipement	3,04	3,02	3,11	3,20	3,81	4,14	4,33	4,59	4,93	5,35	5,41	5,74
* équipement	2,14	2,13	2,13	2,15	2,28	2,44	2,68	2,58	3,10	3,44	3,76	3,81
Recettes réelles d'investissement	2,33	2,20	2,12	2,21	2,92	2,82	3,55	3,78	4,35	4,71	5,23	6,31
Recettes d'investissement hors emprunts (7)	**1,42**	**1,43**	**1,44**	**1,45**	**1,69**	**1,37**	**1,52**	**1,68**	**1,60**	**1,88**	**1,93**	**2,67**
* dotations et subventions	1,19	1,24	1,25	1,26	1,44	1,16	1,13	1,43	1,38	1,59	1,65	2,34
Besoin ou capacité de financement = (5) + (7)- (6)	**+ 0,19**	**+ 0,52**	**+ 0,39**	**+ 0,25**	**+ 0,04**	**- 0,95**	**- 1,37**	**- 0,70**	**- 1,22**	**- 1,63**	**- 1,81**	**- 1,92**
Variation fonds de roulement	**+ 0,18**	**- 0,01**	**+ 0,02**	**+ 0,01**	**+ 0,21**	**- 0,42**	**- 0,15**	**+ 0,03**	**- 0,17**	**- 0,09**	**- 0,48**	**- 0,24**
Dépenses totales lycées	2,7	2,9	2,9	3,0	3,2	3,4	3,6	3,96	3,89	5,18	6,11	6,55
Dépenses totales formation professionnelle	2,1	2,1	2,2	2,2	2,2	2,4	3,0	3,47	3,99	4,88	4,88	4,92
Dépenses transport ferroviaire	0,6	0,5	0,6	0,6	2,1	2,1	2,4	2,75	2,88	3,16	3,36	3,30
Évolution de la dette :												
* remboursements de dette	0,91	1,31	1,05	0,99	1,07	0,91	0,81	1,37	1,69	1,28	1,97	1,96
* emprunts	0,91	0,78	0,68	0,75	1,23	1,44	2,03	2,11	2,75	2,83	3,30	3,65
* Emprunts - remboursements de dette	- 0,00	- 0,53	- 0,37	- 0,24	+ 0,16	+ 0,53	+ 1,22	+ 0,73	+ 1,06	+ 1,55	+ 1,33	+ 1,69
Dette totale au 31/12	*8,85*	*8,30*	*7,90*	*7,66*	*7,82*	*8,42*	*9,44*	*10,14*	*11,11*	*12,66*	*13,99*	*15,68*
Ratios :												
Épargne de gestion / recettes de fonctionnement	48,6 %	48,7 %	47,4 %	45,2 %	41,2 %	39,4 %	35,9 %	36,3 %	34,1 %	30,9 %	30,3 %	27,8 %
Épargne brute / recettes de fonctionnement	43,6 %	44,3 %	43,4 %	41,4 %	38,4 %	36,9 %	33,6 %	33,8 %	31,8 %	28,4 %	27,4 %	25,5 %
Dette au 31/12 / recettes de fonctionnement	92,5 %	81,9 %	77,6 %	73,0 %	63,8 %	67,2 %	69,5 %	64,3 %	64,5 %	64,5 %	66,8 %	73,0 %
Annuité / recettes de fonctionnement	14,5 %	17,3 %	14,4 %	13,2 %	11,5 %	9,7 %	8,2 %	11,2 %	12,1 %	9,0 %	12,2 %	11,4 %

Source : DGFiP

Les montants sont calculés hors gestion active de la dette.

** Premiers résultats DGFiP*

(a) Réforme de l'architecture des concours financiers à partir de 2004.

n.d. : Données non disponibles

10-9 Les comptes des collectivités territoriales et de leurs groupements à fiscalité propre

(en milliards d'euros)	1998	1999	2000	2001	2002	2003	2004	2005	2006	2007	2008	2009*
Dépenses totales	**127,27**	**132,05**	**133,77**	**138,45**	**145,35**	**151,19**	**167,01**	**177,78**	**187,57**	**200,59**	**206,82**	**213,80**
Recettes totales	**127,14**	**133,23**	**134,03**	**138,25**	**146,78**	**153,01**	**167,34**	**178,38**	**189,19**	**199,34**	**206,03**	**213,45**
Dépenses totales hors remboursements de dette	**114,79**	**118,78**	**121,62**	**126,13**	**133,06**	**140,36**	**155,84**	**165,39**	**175,17**	**189,43**	**195,24**	**201,77**
Recettes totales hors emprunts	**116,03**	**121,25**	**123,08**	**127,03**	**134,48**	**140,85**	**153,15**	**162,10**	**172,06**	**181,73**	**186,93**	**195,46**
Dépenses réelles de fonctionnement	82,55	84,63	84,83	87,83	95,41	99,55	111,23	118,25	124,23	132,58	140,01	145,17
Dépenses de fonctionnement hors intérêts de dette (1)	**77,53**	**80,02**	**80,35**	**83,23**	**91,31**	**95,68**	**107,54**	**114,69**	**120,39**	**128,41**	**135,42**	**141,10**
* achats et charges externes	13,16	13,78	19,48	19,86	21,66	22,83	23,14	24,13	25,51	26,20	27,46	28,01
* personnel	27,84	28,43	29,50	30,98	32,98	34,54	36,62	38,57	40,70	44,51	48,04	50,21
* transferts versés	21,99	22,70	28,05	28,98	33,04	34,90	43,70	47,73	50,11	53,43	55,47	58,05
Recettes de fonctionnement (2)	**104,21**	**108,87**	**109,95**	**112,97**	**120,51**	**126,91**	**137,72**	**145,46**	**153,35**	**161,40**	**167,03**	**171,70**
* impôts et taxes	63,08	64,13	65,27	66,34	69,46	66,70	75,30	82,35	87,93	93,72	98,13	102,55
- dont impôts locaux	48,55	48,91	49,71	48,57	49,24	51,47	53,80	57,17	60,57	62,42	65,08	70,48
- autres impôts indirects et taxes	14,54	15,22	15,57	17,78	20,22	15,24	21,50	25,18	27,36	31,30	33,05	32,07
- dont TEOM	*2,51*	*2,65*	*2,74*	*2,87*	*3,04*	*3,68*	*4,01*	*4,32*	*4,60*	*4,81*	*5,03*	*5,40*
* Concours de l'État (a)	28,01	29,49	27,86	28,60	31,78	33,30	44,21	45,44	46,90	47,70	48,14	48,50
- DGF	20,81	21,94	21,85	24,30	26,72	26,64	36,21	36,69	37,98	38,93	39,68	40,45
- Péréquation et compensations fiscales	n.d.	n.d.	n.d.	n.d.	n.d.	n.d.	5,20	5,10	6,00	5,90	5,56	5,15
Épargne de gestion (3) = (2) - (1)	**26,68**	**28,85**	**29,60**	**29,74**	**29,20**	**31,23**	**30,18**	**30,76**	**32,96**	**32,98**	**31,62**	**30,60**
* intérêts de dette (4)	5,02	4,60	4,47	4,60	4,11	3,87	3,68	3,56	3,84	4,17	4,59	4,07
Épargne brute (5) = (3) - (4)	**21,66**	**24,25**	**25,12**	**25,15**	**25,09**	**27,36**	**26,50**	**27,20**	**29,12**	**28,81**	**27,02**	**26,53**
Épargne nette = (5) - remboursement	9,19	10,98	12,97	12,82	12,80	16,53	15,33	14,82	16,73	17,66	15,44	14,50
Dépenses réelles d'investissement	44,72	47,42	48,95	50,63	49,94	51,63	55,78	59,52	63,33	68,01	66,81	68,63
Dépenses d'investissement hors remboursements (6)	**32,24**	**34,15**	**36,80**	**38,30**	**37,65**	**40,80**	**44,61**	**47,14**	**50,94**	**56,85**	**55,23**	**56,60**
* subventions d'équipement	6,97	7,41	7,74	8,09	8,57	9,11	9,85	9,71	11,36	12,97	13,08	13,83
* équipement	22,63	24,22	26,96	27,79	26,84	29,41	31,57	34,24	37,37	41,32	40,02	39,78
Recettes réelles d'investissement	22,93	24,36	24,09	25,28	26,28	26,10	29,62	32,93	35,84	37,94	39,00	41,75
Recettes d'investissement hors emprunts (7)	**11,82**	**12,38**	**13,13**	**14,06**	**13,97**	**13,94**	**15,43**	**16,65**	**18,71**	**20,33**	**19,90**	**23,76**
* dotations et subventions	8,73	8,99	9,77	10,20	10,60	10,77	11,25	12,50	13,48	14,65	15,08	19,23
Besoin ou capacité de financement = (5) + (7) - (6)	**1,24**	**2,47**	**1,46**	**0,90**	**1,42**	**0,50**	**- 2,69**	**- 3,29**	**- 3,11**	**- 7,70**	**- 8,31**	**- 6,31**
Variation fonds de roulement	**- 0,12**	**1,19**	**0,26**	**-0,20**	**1,43**	**1,82**	**0,33**	**0,61**	**1,62**	**- 1,25**	**- 0,79**	**- 0,35**
Évolution de la dette :												
* remboursements de dette	12,47	13,27	12,15	12,32	12,29	10,83	11,17	12,38	12,40	11,16	11,58	12,03
* emprunts	11,11	11,98	10,96	11,23	12,31	12,16	14,19	16,28	17,13	17,61	19,10	17,99
* Emprunts - remboursements de dette	- 1,36	- 1,29	- 1,19	- 1,10	0,01	1,33	3,02	3,90	4,73	6,46	7,52	5,96
Dette totale au 31/12	*91,33*	*89,80*	*88,77*	*87,58*	*87,60*	*86,96*	*90,58*	*93,70*	*98,58*	*104,86*	*112,38*	*118,34*
Ratios :												
Épargne de gestion / recettes de fonctionnement	25,6 %	26,5 %	26,9 %	26,3 %	24,2 %	24,6 %	21,9 %	21,1 %	21,5 %	20,4 %	18,9 %	17,8 %
Épargne brute / recettes de fonctionnement	20,8 %	22,3 %	22,9 %	22,3 %	20,8 %	21,6 %	19,2 %	18,7 %	19,0 %	17,9 %	16,2 %	15,4 %
Dette au 31/12 / recettes de fonctionnement	79,0 %	73,8 %	71,7 %	68,6 %	64,2 %	69,1 %	65,8 %	64,4 %	64,3 %	65,0 %	67,3 %	68,9 %
Annuité / recettes de fonctionnement	16,8 %	16,4 %	15,1 %	15,0 %	13,6 %	11,6 %	10,8 %	11,0 %	10,6 %	9,5 %	9,7 %	9,4 %

Source : DGFiP

Les montants sont calculés hors gestion active de la dette.

** Premiers résultats DGFiP*

(a) Réforme de l'architecture des concours financiers à partir de 2004

n.d. : Données non disponibles

Attention : les données figurant ici ne correspondent pas à la somme des opérations « ensemble des collectivités territoriales » et « groupements à fiscalité propre » : les reversements fiscaux des groupements vers les communes ont été neutralisés en dépenses comme en recettes de fonctionnement.

Données non consolidées entre les différents niveaux de collectivités sauf reversements fiscaux.

Dépenses des départements dans les domaines transférés

(en millions d'euros)

	1990	1995	1997	2000	2002	2004	2005	2006	2007	2008	2009	2010*
Dépenses totales d'aide sociale (1)	**n.d.**	**13 173**	**14 002**	**13 582**	**15 657**	**24 605**	**25 928**	**27 748**	**29 865**	**30 387**	**32 052**	**33 905**
dont RMI, puis RSA	-	*540*	*618*	*717*	*864*	*6 347*	*6 696*	*7 253*	*7 444*	*7 383*	*7 889*	*8 935*
APA	-	-	-	-	*1 855*	*3 793*	*4 113*	*4 415*	*4 727*	*5 036*	*5 213*	*5 520*
Dépenses nettes obligatoires (2)	**7 359**	**10 971**	**11 967**	**11 591**	**13 101**	**23 658**	**25 078**	**26 883**	**28 302**	**29 175**	**30 820**	**32 638**
Dépenses totales pour les collèges	**1 671**	**2 398**	**2 657**	**3 118**	**3 324**	**3 211**	**3 345**	**3 410**	**3 900**	**4 276**	**4 489**	**4 516**
Fonctionnement	719	1 005	1 136	1 311	1 230	914	974	1 066	1 577	1 834	1 967	2 080
Investissement	953	1 393	1 520	1 807	2 094	2 297	2 371	2 344	2 322	2 442	2 522	2 436
Transport scolaire	1 058	1 357	1 437	1 610	1 807	1 612	1 675	1 759	1 821	1 874	1 936	n.d.
Contingents destinés aux SDIS	-	-	-	**973**	**1 207**	**1 565**	**1 740**	**1 951**	**2 145**	**2 291**	**2 386**	**2 480**

Source : DGCL, comptes administratifs et budgets primitifs

** Pour l'année 2010, le chiffre est estimé en appliquant l'évolution constatée entre les budgets primitifs 2009 et 2010 au montant 2009.*

(1) dépenses des fonctions Prévention Médico-sociale, Action sociale (hors RMI-RSA et APA), RMI-RSA et APA

(2) dépenses des fonctions Action sociale (hors RMI-RSA et APA), RMI-RSA et APA, nettes des recouvrements effectués dans ces 3 fonctions.

n.d : non disponible

Dépenses des régions dans les domaines transférés

(en millions d'euros)

	1990	1995	1997	2000	2002*	2004	2005	2006	2007	2008	2009	2010**
Dépenses de formation professionnelle continue et apprentissage	**861**	**1 550**	**1 900**	**2 151**	**2 167**	**2 970**	**3 468**	**3 993**	**4 877**	**4 876**	**5 180**	**5 326**
Fonctionnement	n.d	1 455	1 814	2 045	2 060	2 830	3 332	3 866	4 698	4 694	4 951	5 045
Investissement	n.d	95	86	107	106	140	136	127	179	182	228	282
Dépenses totales pour l'enseignement	**2 419**	**2 694**	**2 892**	**2 861**	**3 237**	**3 631**	**3 964**	**3 888**	**5 176**	**6 113**	**6 683**	**6 695**
Fonctionnement	514	693	748	861	971	1 077	1 282	1 355	2 304	2 999	3 308	3 388
Investissement	1 905	2 001	2 144	1 999	2 266	2 553	2 682	2 534	2 871	3 114	3 375	3 307
Dépenses pour le transport ferroviaire régional de voyageurs	-	-	**443**	**575**	**2 055**	**2 407**	**2 659**	**2 782**	**3 777**	**3 277**	**3 219**	**3 269**
Fonctionnement	-	-	336	454	1 527	1 923	1 908	1 983	2 902	2 401	2 475	2 600
Investissement	-	-	107	121	528	484	751	799	875	876	744	669

Source : DGCL, comptes administratifs et budgets primitifs

Les données pour la formation professionnelle continue et l'apprentissage sont issues du total du chapitre « Formation professionnelle et Apprentissage ».

Les données pour les lycées sont issues du total du chapitre « Enseignement », lequel inclut également une participation des régions au financement de l'enseignement supérieur.

Les données pour le transport ferroviaire régional de voyageurs sont issues du volet 1 de l'annexe « service ferroviaire régional de voyageurs » jusqu'en 2004, puis de la sous-fonction « Transport ferroviaire régional de voyageurs » dans le chapitre « Transports ».

** Généralisation du transfert de compétence en matière de transport ferroviaire.*

*** Pour l'année 2010, le chiffre est estimé en appliquant l'évolution constatée entre les budgets primitifs 2009 et 2010 au montant 2009.*

n.d : non disponible

10-11 L'endettement des collectivités locales

L'encours de dette des collectivités locales au 31 décembre *(en milliards d'euros)*

	1998	1999	2000	2001	2002	2003	2004	2005	2006	2007	2008	2009*
Communes	51,64	51,39	51,41	51,15	50,80	50,59	50,94	52,04	53,43	55,46	57,49	58,64
Groupements de communes à fiscalité propre	9,80	10,27	10,78	10,93	11,08	11,42	12,03	12,25	13,56	14,84	16,13	17,07
Secteur communal : communes et groupements de communes à fiscalité propre	60,61	60,83	61,36	61,25	61,05	61,18	62,14	64,29	66,99	70,30	73,62	75,71
Départements	21,86	20,68	19,51	18,67	18,73	17,36	18,16	19,26	20,48	21,90	24,77	26,95
Régions	8,85	8,30	7,90	7,66	7,82	8,42	9,44	10,14	11,11	12,66	13,99	15,68
Ensemble des collectivités locales	**91,33**	**89,80**	**88,77**	**87,58**	**87,60**	**86,96**	**90,58**	**93,70**	**98,58**	**104,86**	**112,38**	**118,34**

Source : DGFiP

** : Premiers résultats DGFiP*

Poids de la dette rapportée aux recettes de fonctionnement *(en %)*

	1998	1999	2000	2001	2002	2003	2004	2005	2006	2007	2008	2009*
Communes	89.8	86,5	86,1	84,8	82,1	80,2	79,1	78,7	78,7	79,6	81,0	80,7
Groupements de communes à fiscalité propre	133,1	127,4	99,3	78,5	63,9	56,4	53,7	50,8	54,1	56,7	59,3	59,6
Secteur communal : communes et groupements de communes à fiscalité propre	94,5	91,3	90,5	87,5	83,3	79,9	78,1	78,3	79,2	80,4	82,0	81,4
Départements	71,7	64,4	61,0	57,5	53,5	46,0	40,3	40,5	39,7	40,3	44,0	47,1
Régions	92,5	81,9	77,6	73,0	63,8	67,2	69,5	64,3	64,5	64,5	66,8	73,0
Ensemble des collectivités locales	**79,0**	**73,8**	**71,7**	**68,6**	**64,2**	**69,1**	**65,8**	**64,4**	**64,3**	**65,0**	**67,3**	**68,9**

Source : DGFiP

** : Premiers résultats DGFiP*

Dette publique au sens de Maastricht (*) *(en milliards d'euros)*

	1990	1995	2000	2001	2002	2003	2004	2005	2006	2007	2008	2009
État	263,1	484,5	655,4	683,1	743,3	806,8	847,0	894,5	892,5	928,7	1 036,2	1 162,6
Organismes divers d'administration centrale	2,2	33,4	51,4	49,7	45,1	55,3	91,1	94,5	90,7	97,7	95,5	115,3
Administrations locales	90,0	111,1	106,7	106,4	105,9	109,8	113,5	120,1	127,3	137,2	148,1	156,8
Administrations de sécurité sociale	8,3	33,9	12,9	12,4	16,5	31,5	25,3	36,3	39,5	45,3	35,4	54,3
Total administrations publiques	**363,6**	**662,8**	**826,4**	**851,6**	**910,9**	**1 003,4**	**1 076,9**	**1 145,4**	**1 149,9**	**1 208,9**	**1 315,1**	**1 489,0**

Source : Comptes nationaux - Base 2000, Insee

(*) Dette au 31.12 de chaque année, au sens du règlement 3605 de la Commission Européenne.

Dette publique au sens de Maastricht (*) *(en % du PIB)*

	1990	1995	2000	2001	2002	2003	2004	2005	2006	2007	2008	2009
État	25,5	40,6	45,5	45,6	48,0	50,6	51,0	51,8	49,4	49,0	53,2	61,0
Organismes divers d'administration centrale	0,2	2,8	3,6	3,3	2,9	3,5	5,5	5,5	5,0	5,2	4,9	6,0
Administrations locales	8,7	9,3	7,4	7,1	6,8	6,9	6,8	7,0	7,0	7,2	7,6	8,2
Administrations de sécurité sociale	0,8	2,8	0,9	0,8	1,1	2,0	1,5	2,1	2,2	2,4	1,8	2,8
Total administrations publiques	**35,2**	**55,5**	**57,3**	**56,9**	**58,8**	**62,9**	**64,9**	**66,4**	**63,7**	**63,8**	**67,5**	**78,1**

Source : Comptes nationaux - Base 2000, Insee

(*) Dette au 31 décembre de chaque année, au sens du règlement 3605 de la Commission Européenne.

Définition

La dette au sens de Maastricht couvre l'ensemble des **administrations publiques** au sens des comptes nationaux : l'État, les **organismes divers d'administration centrale (ODAC)**, les administrations publiques locales et les administrations de sécurité sociale.

La dette au sens de Maastricht est calculée dans le cadre des comptes nationaux mais elle est définie de façon spécifique. Elle ne comprend pas l'ensemble des passifs financiers mais uniquement les numéraires et dépôts, les titres autres qu'actions que sont les bons du Trésor (BTF et BTAN), les obligations assimilables du Trésor (OAT), les Euro medium term notes (EMTN), ainsi que les emprunts ; en sont exclus les produits dérivés et les autres comptes à payer et à recevoir.

C'est une dette brute au sens où on ne soustrait pas aux éléments de passifs retenus les actifs financiers des administrations publiques.

Elle est consolidée : sont donc exclus du calcul de la dette les éléments de dette d'une administration détenus par une autre administration. C'est le cas par exemple des dépôts des administrations publiques au Trésor.

La dette au sens de Maastricht est évaluée en valeur nominale, c'est-à-dire à la valeur de remboursement du principal. Ainsi, les **intérêts** courus non échus ou les fluctuations des cours des titres ne sont pas compris dans l'évaluation des instruments, alors que la réévaluation de la valeur de remboursement des titres indexées sur l'**inflation** (OATi, BTANi et CADESi) est prise en compte.

Taux moyens d'imposition des collectivités locales de la métropole

(en %)

	1990	1995	2000	2002	2003	2004	2005	2006	2007	2008	2009	2010
COMMUNES												
Taxe d'habitation	11,17	11,43	12,26	12,99	13,37	13,59	13,66	13,69	13,78	13,85	14,16	14,37
Taxe sur le foncier bâti	13,75	14,5	15,69	16,53	17,01	17,35	17,47	17,50	17,64	17,76	18,20	18,49
Taxe sur le foncier non bâti	37,13	36,28	36,62	37,66	38,18	38,57	38,70	39,52	39,62	39,91	40,35	40,69
Taxe professionnelle	12,11	12,38	12,50	11,99	12,21	12,32	12,34	12,41	12,50	12,63	13,01	s.o.
SECTEUR COMMUNAL : COMMUNES + GROUPEMENTS*												
Taxe d'habitation	12,00	12,58	13,47	13,78	14,00	14,17	14,29	14,38	14,44	14,53	14,94	15,16
Taxe sur le foncier bâti	14,73	15,90	17,13	17,51	17,82	18,11	18,22	18,37	18,49	18,63	19,20	19,51
Taxe sur le foncier non bâti	38,55	39,05	40,92	42,02	42,65	43,13	43,61	43,13	44,51	44,89	45,58	46,05
Taxe professionnelle	13,54	14,06	14,79	15,05	15,20	15,36	15,44	15,49	15,76	15,89	16,14	s.o.
DÉPARTEMENTS												
Taxe d'habitation	5,25	5,57	5,92	6,06	6,27	6,35	6,60	6,88	6,97	7,04	7,38	7,53
Taxe sur le foncier bâti	6,78	7,65	8,13	8,42	8,74	8,84	9,21	9,70	9,83	9,94	9,76	10,08
Taxe sur le foncier non bâti	20,73	21,35	19,84	20,23	21,09	21,72	22,54	23,57	23,76	24,15	25,31	25,81
Taxe professionnelle	5,83	6,44	6,82	7,02	7,37	7,47	7,82	8,24	8,38	8,50	8,98	s.o.
RÉGIONS												
Taxe d'habitation	1,00	1,49	1,58	s.o.	s.o.	s.o.	s.o.	s.o.	s.o.	s.o.	s.o.	s.o.
Taxe sur le foncier bâti	1,32	1,83	1,94	1,97	1,97	1,98	2,38	2,53	2,59	2,63	2,65	2,66
Taxe sur le foncier non bâti	4,85	4,53	4,88	4,86	4,93	5,10	5,93	6,37	6,46	6,59	6,64	6,65
Taxe professionnelle	1,32	1,83	1,95	1,99	2,02	2,04	2,48	2,68	2,76	2,81	2,83	s.o.

Sources : DGFiP, DGCL

s.o. : sans objet, la taxe professionnelle est supprimée à compter de 2010.

** groupements : EPCI à fiscalité propre et syndicats intercommunaux à contributions fiscalisées*

10-13 Les produits de fiscalité locale

Produits d'imposition votés des collectivités locales (et compensation relais en 2010) de la métropole *(en millions d'euros)*

	1990	1995	2000	2002	2003	2004	2005	2006	2007	2008	2009	2010
COMMUNES												
Taxe d'habitation	4 434	5 222	6 422	7 264	7 765	8 151	8 539	8 876	9 285	9 654	10 326	10 731
Taxe sur le foncier bâti	4 331	6 294	8 065	8 954	9 539	10 002	10 477	10 893	11 367	11 829	12 671	13 273
Taxe sur le foncier non bâti	672	676	693	729	748	766	786	660	678	694	711	724
Taxe professionnelle	7 462	10 365	9 225	5 658	4 583	4 248	4 073	4 024	4 006	4 116	4 293	s.o.
Compensation relais												4 279
SECTEUR COMMUNAL : COMMUNES + GROUPEMENTS*												
Taxe d'habitation	4 761	5 750	7 057	7 704	8 133	8 504	8 929	9 321	9 736	10 132	10 893	11 321
Taxe sur le foncier bâti	4 634	6 903	8 810	9 486	9 993	10 440	10 957	11 436	11 914	12 408	13 367	14 008
Taxe sur le foncier non bâti	698	728	775	814	836	858	882	741	762	780	803	819
Taxe professionnelle	8 358	12 529	14 183	13 330	13 546	14 080	14 489	15 142	15 640	16 299	17 408	s.o.
Compensation relais												18 847
DÉPARTEMENTS												
Taxe d'habitation	1 943	2 575	3 118	3 405	3 640	3 826	4 127	4 468	4 699	4 910	5 384	5 647
Taxe sur le foncier bâti	1 887	2 919	3 706	4 037	4 341	4 540	4 915	5 376	5 643	5 902	6 693	7 116
Taxe sur le foncier non bâti	373	114	33	35	38	39	42	45	47	49	53	54
Taxe professionnelle	3 498	5 598	6 482	6 238	6 497	6 764	7 297	7 945	8 312	8 738	9 683	s.o.
Compensation relais												9 837
RÉGIONS												
Taxe d'habitation	454	732	883	s.o.	s.o.	s.o.	s.o.	s.o.	s.o.	s.o.	s.o.	s.o.
Taxe sur le foncier bâti	409	784	984	1 050	1 090	1 129	1 407	1 555	1 649	1 728	1 818	1 877
Taxe sur le foncier non bâti	87	8	9	9	9	10	12	12	13	14	14	14
Taxe professionnelle	868	1 729	1 994	1 895	1 900	1 962	2 488	2 740	2 887	3 047	3 213	s.o.
Compensation relais												3 334
TOUTES COLLECTIVITÉS												
Taxe d'habitation	7 158	9 057	11 057	11 109	11 773	12 330	13 056	13 789	14 435	15 043	16 277	16 969
Taxe sur le foncier bâti	6 931	10 606	13 500	14 573	15 424	16 109	17 279	18 367	19 206	20 037	21 878	23 001
Taxe sur le foncier non bâti	1 157	849	816	858	883	907	936	798	821	843	871	887
Taxe professionnelle	12 724	19 856	22 659	21 463	21 943	22 806	24 274	25 827	26 839	28 085	30 304	s.o.
Compensation relais												32 018

Sources : DGFiP, DGCL

s.o. : sans objet, la taxe professionnelle est supprimmée à compter de 2010.

** groupements : EPCI à fiscalité propre et syndicats intercommunaux à contributions fiscalisées*

Compensations et dégrèvements au titre des 4 taxes pour l'ensemble des collectivités locales de la France

(en millions d'euros)

	1990	1995	2000	2001	2002	2003	2004	2005	2006	2007	2008	2009
COMPENSATIONS												
Taxe d'habitation	-	1 006	1 143	2 044	2 090	2 111	1 141	1 164	1 189	1 207	1 227	1 233
Taxe sur le foncier bâti	434	298	244	334	325	339	357	371	377	388	402	350
Taxe sur le foncier non bâti	0,15	273	335	332	334	332	330	332	492	491	446	404
Taxe professionnelle	3 397	2 830	5 473	7 133	9 606	10 732	1 806	1 894	1 804	1 698	1 390	1 119
Total	**3 831**	**4 406**	**7 196**	**9 843**	**12 355**	**13 513**	**3 634**	**3 761**	**3 862**	**3 783**	**3 465**	**3 105**
DÉGRÈVEMENTS LÉGISLATIFS												
Taxe d'habitation	1 638	1 016	3 212	2 247	2 334	2 356	2 728	2 774	2 918	3 013	3 048	3 148
Taxes foncières	274	59	29	75	147	337	561	503	563	574	730	672
Taxe professionnelle	808	4 769	5 923	5 681	5 341	6 238	6 659	7 257	8 877	9 159	11 929	13 641
Total	**2 720**	**5 844**	**9 164**	**8 003**	**7 822**	**8 932**	**9 948**	**10 534**	**12 358**	**12 746**	**15 707**	**17 461**
CONTRIBUTIONS BRUTES DE L'ÉTAT												
Taxe d'habitation	1 638	2 022	4 355	4 290	4 424	4 467	3 869	3 938	4 107	4 220	4 275	4 380
Taxes foncières	708	629	608	741	806	1 008	1 247	1 206	1 432	1 453	1 578	1 426
Taxe professionnelle	4 205	7 599	11 396	12 814	14 947	16 970	8 465	9 151	10 681	10 857	13 319	14 760
Total	**6 551**	**10 250**	**16 359**	**17 846**	**20 177**	**22 445**	**13 582**	**14 295**	**16 220**	**16 530**	**19 172**	**20 566**

Sources : DGFiP, DGCL

10-15 Les effectifs des collectivités locales

Les effectifs de la fonction publique territoriale *(effectifs au 31/12)*

	1997	1998	1999	2000	2001	2002	2003	2004	2005	2006	2007	2008
Organismes régionaux et départementaux	225 906	233 873	245 762	262 580	276 011	287 824	297 383	306 032	310 451	335 229	401 343	457 582
- dont départements	163 861	168 488	172 487	176 871	181 436	187 199	191 544	195 233	198 190	213 053	246 569	281 717
- dont régions	9 087	9 733	10 492	10 955	11 596	12 514	13 329	14 073	15 169	22 599	54 467	73 843
Organismes communaux et intercommunaux	1 230 326	1 254 949	1 272 830	1 312 235	1 325 114	1 362 297	1 378 277	1 397 356	1 421 076	1 453 767	1 479 797	1 485 279
- dont communes	1 014 924	1 032 655	1 045 214	1 074 591	1 077 772	1 092 833	1 085 918	1 086 037	1 094 014	1 106 978	1 117 101	1 112 603
- dont groupements de communes (1)	114 446	120 428	124 508	131 088	138 155	155 789	174 989	189 719	201 699	215 113	225 895	233 145
- dont autres (centres communaux d'action locale, caisses des écoles, autres établissements publics locaux)	100 956	101 866	103 108	106 556	109 187	113 675	117 370	121 600	125 363	131 676	136 801	139 531
Ensemble des administrations locales (2)	**1 456 232**	**1 488 822**	**1 518 592**	**1 574 815**	**1 601 125**	**1 650 121**	**1 675 660**	**1 703 388**	**1 731 527**	**1 788 996**	**1 881 140**	**1 942 861**
Autres organismes (3)	63 126	64 422	64 903	66 644	67 234	69 126	71 998	73840	73 429	75 023	76 764	77 001
ENSEMBLE DES EMPLOIS (2)	**1 519 358**	**1 553 244**	**1 583 495**	**1 641 459**	**1 668 359**	**1 719 247**	**1 747 658**	**1 777 228**	**1 804 956**	**1 864 019**	**1 957 904**	**2 019 862**

Source : Insee (Enquête annuelle auprès des collectivités locales au 31 décembre de l'année)
(1) Groupements à fiscalité propre et syndicats
(2) hors organismes privés d'administrations locales tels que les organismes d'aménagement, de type syndicat d'initiative, d'action sociale, de loisir...
(3) Groupements d'intérêt public, OPHLM, Caisses de crédit municipal, EPIC, OPAC, associations syndicales autorisées
*Champ : **emplois principaux et secondaires**, tous statuts y c. les emplois aidés et emplois jeunes.*

Les dépenses de personnel des collectivités locales

(en milliards d'euros)

	1998	1999	2000	2001	2002	2003	2004	2005	2006	2007	2008	2009*
Communes	22,27	22,52	23,33	24,22	25,40	26,00	26,85	27,90	29,00	30,38	31,25	31,92
Groupements de communes à fiscalité propre	1,50	1,56	1,59	1,85	2,29	2,82	3,07	3,50	3,85	4,20	4,51	4,94
Départements	3,73	3,98	4,18	4,47	4,82	5,21	6,13	6,56	7,07	8,33	9,93	10,67
Régions	0,34	0,37	0,40	0,43	0,47	0,52	0,57	0,62	0,78	1,60	2,35	2,68
Ensemble des collectivités territoriales et de leurs groupements à fiscalité propre	27,84	28,43	29,50	30,98	32,98	34,54	36,62	38,57	40,70	44,51	48,04	50,21

Source : DGFiP

** résultats provisoires*

Coordination Maquette : DPID - DGCL

Réalisation : Imprimerie Moderne de l'Est (IME)
Achevé d'imprimer en avril 2011
Directeur de la publication : Eric JALON
ISBN : 978-2-11-098391-6

Imprimé par I.M.E. certifiée ISO 14001. Cet ouvrage a été réalisé avec des encres végétales sur du papier PEFC 100 % issu de forêts gérées durablement et de sources contrôlées chez un imprimeur respectant toutes les normes environnementales.